21 世纪电子政务专业核心课程系列教材
全国高等院校电子政务联编教材

电子政务研究：理论与方法

E-government Research: Theories and Methods

主编 李永忠

参编 李法运 陈 诚 蔡 佳
　　 王人仙 刘国威 施文洁
　　 陈 静 谢隆腾

内容简介

本书全面、系统地介绍了电子政务研究的基本理论和方法。本书分为九个部分：电子政务研究产生和繁荣的背景，电子政务研究的理论基础，国外电子政务研究阶段及特点，国内电子政务研究阶段及特点，电子政务研究热点及方法，电子政务论文摘要及文献综述撰写方法与规范，电子政务文献信息的收集、组织与分析，电子政务研究范式，电子政务研究论文的写作、修改与评价。

本书可作为电子政务、行政管理、公共事业管理、信息管理与信息系统、信息资源管理、档案学等相关专业电子政务研究课程教材，尤其适合作为公共管理硕士（MPA）专业课程电子政务研究的教材。本书还可作为公务员系统学习和研究电子政务的教材，对电子政务系统开发人员、电子政务管理人员也具有一定的参考价值。

图书在版编目（CIP）数据

电子政务研究：理论与方法/李永忠主编. —北京：北京大学出版社，2019.8
21世纪电子政务专业核心课程系列教材　全国高等院校电子政务联编教材
ISBN 978-7-301-29397-3

Ⅰ.①电… Ⅱ.①李… Ⅲ.①电子政务—高等职业教育—教材 Ⅳ.①D035-39

中国版本图书馆CIP数据核字（2018）第035935号

书　　　　名	电子政务研究：理论与方法 DIANZI ZHENGWU YANJIU：LILUN YU FANGFA
著作责任者	李永忠
责 任 编 辑	成　淼　齐一璇
标 准 书 号	ISBN 978-7-301-29397-3
出 版 发 行	北京大学出版社
地　　　　址	北京市海淀区成府路205号　100871
网　　　　址	http://www.pku.cn　　新浪微博：@北京大学出版社
电 子 信 箱	zyjy@pup.cn
电　　　　话	邮购部 010-62752015　发行部 010-62750672　编辑部 010-62704142
印 刷 者	天津中印联印务有限公司
经 销 者	新华书店
	965毫米×1300毫米　16开本　13印张　307千字 2019年8月第1版　2019年8月第1次印刷
定　　　　价	34.00元

未经许可，不得以任何方式复制或抄袭本书之部分或全部内容。
版权所有，侵权必究
举报电话：010-62752024　电子信箱：fd@pup.pku.edu.cn
图书如有印装质量问题，请与出版部联系，电话：010-62756370

前　言

　　20世纪50年代中期以来，人类社会从工业社会进入信息社会的脚步越来越清晰，越来越急迫。先是一批身处激烈竞争环境的企业运用信息技术提升自身在全球化市场中的竞争力，通过对信息的收集、处理和分析来把握消费者需求，提高产品和服务质量，提升市场回应能力。20世纪70年代末兴起的新公共管理运动，试图解决工业社会政府面临的困境，事实证明效果甚微。1993年，美国率先提出并实施了电子政府计划，也即运用现代信息技术构建信息社会的政府。其后，一个个国家及其政府也开始了轰轰烈烈的电子政务建设，力争在信息社会的全球竞争中使自己的国家处于领先地位。一场构建信息社会政府的伟大工程就此在全球范围内拉开了大幕。

　　电子政务是对信息社会政府建设过程的一种概括，有狭义和广义之分。狭义的电子政务指的是政府组织运用现代信息技术为社会供给公共产品和公共服务的过程。广义的电子政务指的是一个国家的政党、政府、人大（议会）甚至包括非政府组织等运用信息技术提升自身核心竞争力的过程。

　　电子政务研究已然成为国内外公共管理学界的显学，从21世纪起，各国各界对电子政务以及如何构建信息社会的政府进行了大量而深入的研究。笔者从21世纪初开始研究电子政务，在十余年的教学科研中发现许多学生非常需要电子政务研究的理论和方法指导，同时，也感觉到电子政务研究的理论基础和研究方法对电子政务学科发展具有重要意义。因此，本书全面、系统地介绍了电子政务研究产生和繁荣的背景、电子政务研究的基本理论和方法，旨在对电子政务研究的指导理论、研究成果、研究方法等进行系统梳理，以推动电子政务研究走向深入，也期望对相关专业学生的学习和研究起到指导作用。

　　本书在编写过程中得到了很多支持与帮助。在此，对福州大学研究生院对本书写作的资助与支持表示感谢，对母校出版社——北京大学出版社表示感谢,对本书责任编辑成淼女士、齐一璇女士一丝不苟的工作态度表示敬意。本书写作过程中借鉴了许多同仁的成果和智慧,在此也一并表示谢意。

由于编者水平有限,本书难免存在不足之处,敬请读者批评指正。

李永忠

2019 年 1 月

目　录

第1章　电子政务研究产生和繁荣的背景 …………………………………… 1
　　第1节　电子政务的起源、内涵和本质 ……………………………… 3
　　第2节　电子政务研究的产生和繁荣 ………………………………… 9
　　第3节　电子政务研究的主要内容 …………………………………… 18

第2章　电子政务研究的理论基础 …………………………………………… 21
　　第1节　新公共服务理论 ……………………………………………… 23
　　第2节　公共经济学理论 ……………………………………………… 28
　　第3节　政府管理信息系统理论 ……………………………………… 37

第3章　国外电子政务研究阶段及特点 ……………………………………… 47
　　第1节　国外电子政务研究阶段 ……………………………………… 49
　　第2节　国外电子政务研究的主要特点 ……………………………… 63

第4章　国内电子政务研究阶段及特点 ……………………………………… 69
　　第1节　国内电子政务研究的阶段划分 ……………………………… 71
　　第2节　国内电子政务研究的起步阶段（2002年之前） …………… 72
　　第3节　国内电子政务研究的发展阶段（2002—2009年） ………… 74
　　第4节　国内电子政务研究的平稳阶段（2010年至今） …………… 82

第5章　电子政务研究热点及方法 …………………………………………… 93
　　第1节　电子政务论文的数量分析 …………………………………… 95
　　第2节　电子政务研究热点数据来源 ………………………………… 96
　　第3节　电子政务研究的方法与工具 ………………………………… 96
　　第4节　国内外电子政务研究的热点 ………………………………… 102

第6章 电子政务论文摘要及文献综述撰写方法与规范 …… 115
第1节 电子政务论文摘要的撰写方法与规范 …… 117
第2节 电子政务论文文献综述撰写方法与规范 …… 121

第7章 电子政务文献信息的收集、组织与分析 …… 135
第1节 文献研究的过程 …… 137
第2节 电子政务文献信息的收集 …… 139
第3节 电子政务文献信息的组织 …… 151
第4节 电子政务文献信息的分析 …… 160

第8章 电子政务研究范式 …… 165
第1节 电子政务研究范式 …… 167
第2节 电子政务研究范式预测 …… 175

第9章 电子政务研究论文的写作、修改与评价 …… 183
第1节 电子政务研究论文的写作 …… 185
第2节 电子政务研究论文的修改与评价 …… 197

第1章 电子政务研究产生和繁荣的背景

本章导读

20世纪70年代末以来,由于市场化、信息化和全球化的高度发展,人类社会进入一个全新的阶段,即信息社会。政府组织从其内部到外部环境均发生了前所未有的变化,它需要通过和其他组织甚至其他国家政府竞争从而保证它的生存和发展。

西方各国政府开始不断探索新的政府管理模式,研究和引入新的技术和理论,电子政务建设和电子政务研究受到关注。

第1节
电子政务的起源、内涵和本质

一、电子政务产生的背景

市场化、信息化和全球化标志着人类社会进入新的历史阶段——信息社会。

市场化对政府履职产生了很大影响。在宏观调控和市场监管方面，政府以往主要帮助企业开拓市场，如今，主要职责转向帮助企业把握市场。这就要求政府充分开发信息，并将信息供给给企业。同样，市场监管的效果也和政府能否快速、准确、完整地获取市场信息有着密切关系。

信息化使得政府行政环境复杂化，在传统的行政环境中，政府控制着社会中大多数的物质和信息资源，行政环境相对稳定；而在信息社会，由于信息技术的发展打破了政府对信息资源的垄断，人们可以通过互联网（Internet）相对自由地生产、处理和利用信息。在这种情况下，政府与外部环境之间、政府与公众之间的关系变成了相互作用、相互影响而非单一的单向互动。这种行政环境的变化给政府工作体制带来了巨大挑战。全球化使各国各地的商品、服务、资金、技术、人力资本等资源在全世界范围内自由流动，促进资源流向更优质的地方，实现优化配置。

全球化结束了世界各国互不相干的发展历程，使彼此处于紧密的相互联系和激烈的相互竞争之中。各国竞争正在从资源禀赋的竞争转向政府治理和公共政策的竞争。[1]

市场化、信息化和全球化也使得工业社会政府的治理捉襟见肘、疲于奔命。20世纪70年代末到80年代初，一场声势浩大的行政改革浪潮在世界范围内掀起。在西方，这场行政改革运动被看作是重塑政府、再造公共部门的新公共管理运动，其目的是提升政府竞争力，使其摆脱市场化、信息化和全球化带来的治理困境。新公共管理运动把企业管理的理论和方法运用到政府治理活动中，试图以此为工业社会政府解困，事实证明成效甚微。一些学者甚至认为，"新公共管理运动已经死亡，而电子政务倡导的数字化时代的治理将基业长青"[2]。

从政府的角度分析,电子政务建设的主要影响到的因素有治理理念、公共政策和政治制度三个方面。

现代信息技术的迅猛发展及广泛应用导致政府治理理念产生变化,推动了其对于自身利益调整的需求,引起了政治力量的重新组合和政治制度、政府组织架构的变革。治理理念与社会现实的矛盾是公共政策和政治制度产生变化的根本动力。

公共政策是治理理念在政府行为上的体现,表达了政府在公共产品和公共服务的生产与供给方面对于有限资源高效配置的偏好。治理理念的影响是渗透性和潜在性的,治理理念转变需要政策导向和制度支持才能够完成。然而,由于缺乏政治制度和政府组织架构支持而导致公共政策不连续和执行不力或者效果不彰的事例也是司空见惯的。因此,公共政策的转变往往又是政治制度和政府组织架构变迁的前奏。

与治理理念不同,政治制度具有很强的约束性,能够引导或者强制人们对于某一理念或者政策的遵从。相对于公共政策,政治制度往往表现出更强的稳定性和保障性。美国经济学家、历史学家道格拉斯·诺思说:"尽管我们生活在一个制度变迁速率甚快的世界中,但变迁在边际上可能宛如冰川移动般缓慢,以至于我们须以历史学家的眼光观察问题,方能察觉。"[3] 总之,电子政务建设可以引起治理理念的变革,导致公共政策的调整,最终目标是构建基于信息社会的新的制度框架。

因此,世界各国把电子政务建设看作是实现治理现代化的重要途径,是增强国家核心竞争力的必然选择。1993年美国克林顿政府率先提出 E-government (电子政府)计划,并付诸实施。美国电子政务建设成果表明,工业社会政府的困境需要从治理理念的根本性转变和现代信息技术手段的广泛应用两个方面去解决。信息社会,尤其是以网络经济为标志的信息经济的蓬勃发展,迫切需要构建新的上层建筑,也即电子政府,它是比工业社会政府更高级的一种政府形态。

我国政府从20世纪80年代中期以来,在政府治理活动中不断引入现代信息技术,先后经历了OA(Office Automation,办公自动化)、"三金工程""政府上网工程"和电子政务建设等阶段。将现代信息技术引入政府治理活动使得我国各级政府的治理理念发生了根本性的变革,也推动了公共政策的科学化,增强了政府应对治理环境深刻变化的能力,也使得我国政府在激烈的国际竞争中保持了较强的核心竞争力。

二、电子政务的内涵和本质

1. 电子政务和电子政府

电子政务是以信息技术为手段,以信息资源为基础,面向公众提供优质的个性化服务的一种政府形态。电子政务是指政务部门利用信息和通信技术(Information and Communications Technology,ICT),尤其是基于网络(Web)技术,为公众、企业、其他机构(非营利性)以及政府机构提供更快、更便宜、更方便、更有效的访问、信息和服务的服务体系。它可以提高政府的整体效能,扩大政府服务的客户群,并通过内部流程的优化和再造提高政府核心业务的提供能力,最终提升政府核心竞争力。具体而言,电子政务就是将政府的主要职能——经济调节、市场监管、社会管理和公共服务,数字化和网络化,并利用现代信息技术和网络技术进行信息化改造,实现政府组织结构和工作流程的重组优化,超越时间、空间和部门分隔的制约,全方位地向社会提供优质、规范、透明的服务,逐步构建信息社会的政府——电子政府。

电子政府到底是什么样子?人们众说纷纭,如电子政府是在大量信息系统基础上运行的政府,电子政府是在众多数据库基础之上运行的政府,电子政府是建立在分布式网络上的政府,电子政府是建立在虚拟空间里的政府,电子政府是智慧政府,等等。人类对信息社会的政府——电子政府的认识还处在盲人摸象阶段。

在西方发达国家,电子政府在更多的情况下指的是信息社会的政府形态,是政府信息化的理想状态。我国将政府信息化的内容做了扩充,包括中国共产党党务信息化,全国人大工作的信息化,全国政协工作的信息化以及工、青、妇等社会团体工作的信息化。因此,在我国,电子政务的内涵和外延均大于电子政府。

2. 电子政务的本质

尽管我们对电子政务的认识还处在初步阶段,但有一点是确定的,即电子政务的本质就是通过现代信息技术的应用和政府自身的改革有效提升政府核心竞争力。决定一个国家、一个政府核心竞争力的因素到底是什么?国际学术界从经济、政治、社会、历史和技术等多种角度进行了讨论,也给出了多种不同的答案,即竞争决定论、技术决定论、实力决定论、产业决定论、政府决定论、文化决定论和制度决定论等。其中,技术决定论影响巨大,如索洛、丹尼森、肯德里克、罗默、卢卡斯、怀特等学者都主张技术决定论。典型的技术决定论把技术进步视为社会发展、国家兴衰成败的重要因素。技术决定论的支持者认为技术的进步具有自主性,也是现代社会系统或文化系统的基本要素,因而技术进步是经济增长永不衰竭的动力("索洛命题")。现代信息技术在公共管理和公共服务领域广泛而深入的应用推动了政府组织的革命性变革,也有效地提升了政府的核心竞争力,这一结论已经被诸多事实证实。

3. 电子政务对政府核心竞争力的提升

电子政务提升政府核心竞争力主要表现在以下几个方面。

(1) 提高工作效率、服务能力和管理水平

以数据库技术和网络技术为代表的现代信息技术手段的使用能够大幅拓展政府管理的空间和资源;政府的职能通过网络的整合可以实现"一站式服务";政府部门通过网站向社会提供"7×24"小时的服务;政府部门之间共享信息数据库;网络远程会议、电子文件交换等技术的应用使得政府议事程序、决策方法产生了根本性变革;政府信息资源可以在组织内部由更多人共同分享。

(2) 提升决策水平

电子政务能提高政府决策的民主化和科学化程度,减少政府决策的盲目性,提高政府决策的时效性,加快政府与企业和公众之间信息的反馈速度。

(3) 促进职能转变

政府可以通过网站宣传政府政策和工作、与企业和公众进行双向沟通,从而改善形象;调动各种资源,提高服务能力,如提供在线办事服务、信息服务和指导性服务等。

(4) 降低管理和服务成本

政府可以通过视频会议技术、文字处理技术和网络技术等节省会议、文字处理费用;减少管理层级,精简机构,大大降低部门间的合作费用;节省企业和公众的办公费用;降低企业和个人获取政府信息服务的费用。

(5) 强化职权监督,推进廉政建设

信息公开制度的建立和完善使得企业和公众获得了政务活动的知情权,

消除了政府与企业、公众的信息不对称现象，使他们具备了监督政府的前提条件；电子政务平台使政府和企业、公众可以双向互动，达到充分交流，使他们能够全面深入地了解政府管理活动、公共政策的宗旨等等。

（6）推动经济与社会信息化进程

国家竞争力的核心是政府竞争力，现代信息技术在公共管理和公共服务活动中的广泛使用，大大提升了政府管理和服务效率；政府信息资源的深度开发和有效使用，使得政府调动各种生产要素成为可能，这样就大大提高了公共产品和公共服务生产的速度，也提高了公共产品和公共服务的品质；在发展中国家，电子政务建设还可以极大推动企业，特别是中小企业信息化水平的提升，提高一个国家、一个地区人民的信息意识和信息技能，从而增强企业和公众应对市场风险的能力。[4]

4. 电子政务带来的变革

电子政务建设推动了政府组织的革命性变革，加速了面向信息社会的政府治理现代化步伐，推动了建构信息社会政治制度的新尝试，如大部制改革、虚拟政府组织的构建正在全球许多国家展开。

（1）大部制改革

所谓大部制，就是政府在部门的设置中，将那些职能相近的部门、业务范围趋同的事项相对集中，由一个部门统一管理，最大限度地避免政府职能交叉、政出多门、多头管理，从而提高行政效率，降低行政成本。大部制改革是知识经济、信息社会的需要，也是政府应对挑战的产物，具体而言，大部制改革的产生有多方面的动因。

第一，市场经济的要求。

在成熟的市场经济的条件下，市场在资源配置中发挥着基础作用，企业是自主经营的主体，各种社会组织发达，承接了大量社会事务管理，政府的职能主要是宏观管理和间接管理。职能较宽、综合性强的大部制设置，可以更好地适应政府履行职能的需要，而没有必要设置过多的行政机构，也没有必要对微观经济社会事务进行直接干预。这是成熟的市场经济国家普遍采取大部制的经济基础和动因。

第二，现代信息社会的需要。

大部制改革可以增进各部门之间信息的流动和沟通，是促进政府各部门协同管理的有效途径。它要求整合原有部门的职能，减少职能交叉重叠情况，对机构职能权限进行重新界定和分配，使其符合电子政务信息资源整合的要求，避免了电子政务系统建设过程中政府对数据的重复采集。随着大部制改革的推进，政府部门不断地重组整合，政府部门之间的信息障碍不断地被打破，政府信息资源整合效果也日益明显。[5]

（2）虚拟政府组织的构建

虚拟政府组织是在网络平台上运行的政府，是一个数字平台，它必然改变传统政府组织的结构。信息技术的广泛应用促使政府组织重新进行权力分配，大幅度地降低了政府组织中间管理层的作用，减少了信息传递中受到干扰的情况，大大减少了失真现象。虚拟政府所面临的巨大挑战是公众的需求和监督。政府必须以更高的效率、更快的回应速度满足公众的这种需求。

目前，从面向的对象来看，虚拟政府组织的主要表现形式有两种：为公众和企业服务的"虚拟政务服务厅"、内部办公的"虚拟政务办公室"。

① 虚拟政务服务厅是指政府的某一专业部门基于互联网而建立的、面向社会公众的互动式电子政务信息处理系统。在形式上，它类似"政府上网工程"中各个机关所建立的"政府网站"。但"政府网站"只是其初级形态，它应该既有信息的发布和接收，也有交互式的处理。在内容上，它是政府作为服务者所提供的服务内容，主要服务内容为监督电子化、资料电子化、沟通电子化和市场规范电子化等四个方面。

② 虚拟政务办公室是政府部门借助于内联网（Intranet）及其管理技术和计算机支持的协同工作技术所建立的、面向政府部门内部办公的通用政府办公系统和个性化办公平台，它几乎可以包含政务办公的各个方面，如公文管理、公共信息、个人信息、会议管理、人事档案管理、自动传真服务、文档管理、视频会议和电子邮件等。它既可以是一个由多种功能组成来完成特定任务的"虚拟部门"，实现诸如公文的电子起草、传阅、审核、批示、会签、签发和接收、处理反馈、催办、流程跟踪与统计、查询和归档等管理任务；可以是一个轻松休闲的"虚拟会议室"，大家可以在这个平台上、在这个虚拟空间里交流学习和工作体会；可以是一个对整个政府部门进行事前预测、事中监督和事后分析的，或各级领导做出决策、指导各部门机构的工作并能及时地进行意见反馈的"网络控制中心"；还可以是各个不同职能、不同专业的政府部门之间联合办公的"虚拟政务超市"，等等。[6]

无论是大部制改革还是虚拟政府组织构建都是现代信息技术在公共管理和公共服务领域广泛而深入应用的必然结果，都是政府应对工业社会向信息社会过渡的一种探索，也是构建信息政府制度或者组织架构的起点。

第2节
电子政务研究的产生和繁荣

一、电子政务研究的起源

电子政务研究是研究如何构建信息社会政府的一门新兴学科。2000年前后，随着各国电子政务建设的展开以及电子政务建设效果的显现，国外很多学者也开始重点关注电子政务的实施管理方面的研究。他们的研究内容主要包括电子政务建设对政府管理的影响、电子政务的理念和管理方法、电子政务建设和发展的影响因素，以及电子政务相关技术方法的应用。

2002年，联合国经济和社会事务部与美国公共行政学会联袂发布了第一部全球电子政务发展报告——《电子政务标杆分析：全球视角》(Benchmarking E-government: A Global Perspective)。[7]这个报告以及随后发表的系列报告使电子政务研究在全球范围内被政府、学界、业界关注和重视。美国学者Heeks R.和Bailur S. 2007年发表论文"Analyzing E-government Research: Perspectives, Philosophies, Theories, Methods, and Practice"，他们的研究表明，2000年之前关于电子政务的论文仍很稀少，只占所有发表的学术论文的2.75%，而且这些论文绝大多数是信息科学领域和图书馆学领域的，发表这类论文的杂志主要有《政府信息季刊》(*Government Information Quarterly*)、《公共管理评论》(*Public Administration Review*)和《美国公共管理评论》(*American Review of Public Review*)。2000年以来电子政务领域的论文发表数量逐步增加，特别是在公共管理现代化、电子政务项目评估、电子政务政策分析、协商民主、问责制、行政透明度和政府信息传播等方面。21世纪初，电子政务研究的重点主要包括公共部门内部管理制度转型、改善公共部门服务、公共部门精简编制、政民沟通、公共部门行政透明度、政府网站信息供给、电子民主的推广和政治腐败的减少等主题。[8]

在我国，2000年前后，有学者开始介绍国外电子政务及其研究情况。此时，我国电子政务研究成果较少。2002年《国家信息化领导小组关于我国电子政务建设指导意见》发布，这是我国官方文件中第一次使用"电子政务"。自此，我国电子政务研究进入全面展开的新阶段。

电子政务研究已成为国内外诸多学科的热门研究领域。这一点表现在专业研究机构的建立、专业杂志创办、学科建设与人才培养、学术讨论会举办、国家科研项目支持等诸多方面。

1. 电子政务研究机构的成立

2001年4月，北京大学成立了电子政务研究中心，2003年9月改建为北京大学电子政务研究院。北京大学电子政务研究院是我国高校中较早设立的专门从事电子政务研究、教育、培训和咨询的综合性机构。研究院以北京大学政府管理、信息技术、信息管理等领域的资源为依托，与高校、政府、企业开展合作，在电子政务领域的理论研究、咨询规划和教育培训方面均有建树，在国内外具有广泛的社会影响。2001年7月上海交通大学成立了"上海交大—好易康达电子政务研究所"。该研究机构将为我国政府管理系统的网络化、政府决策的高度科学化、电子政务的安全化提供理论和技术指导。2003年，国家行政学院电子政务研究中心成立，它是国家行政学院直属科研单位，也是国内较早开展电子政务研究的专业机构。该中心参与了中共中央办公厅、国务院办公厅、国家发展改革委、工业和信息化部、中央网信办等电子政务主管单位的国家电子政务顶层设计、需求分析、规划设计、政策制定等工作；还与联合国、欧盟、美国、新加坡、日本、韩国等建立了战略合作关系，开展了"中美电子政务比较研究""中日首席信息官制度比较研究""中欧信息化战略比较研究"等一系列国际合作项目；2012年开始与联合国经济和社会事务部合作发布《联合国电子政务调查报告》（中文版），引起社会广泛关注。[9]

2. 电子政务专业杂志的创办

《电子政务》（月刊）创刊于2004年，是中国科学院主管、中国科学院文献情报中心主办的中国首家大型电子政务专业杂志，以"服务中国电子政务实践"为核心办刊理念，是着眼于数字时代中国政府公共管理和政府未来发展的权威政务读本。该杂志致力于成为探讨中国电子政务发展的道路和模式，提供电子政务建设指导性和参考性意见，着力推进国家信息化和中国电子政务进程，中国电子政务决策者、思想者、建设者和应用者的必备政务读本；致力于成为中国电子政务的第一决策参考、第一权威媒体和第一杂志品牌。[10]

3. 电子政务的学科建设与人才培养

电子政务研究人才的培养主要包括博士后流动站、电子政务方向的全日制硕士研究生和在职硕士研究生、全日制本科生。据不完全统计，我国以全日制本科培养电子政务专业的学校仅有 20 所左右，这只占广大本科院校的极少数。虽然该专业在高校受到的重视程度日益增高，但这种状况远远无法满足社会对电子政务人才的需要。2017 年，我国 MPA 招生院校达 220 多所，其中大部分学校设有电子政务研究方向。博士授予单位主要集中在"985 工程"高校，如北京大学、吉林大学、华中科技大学等，它们的博士培养都设置了电子政务专业或者方向。

4. 电子政务学术研讨会的举办

定期举办电子政务研讨会是电子政务研究繁荣的标志。近年来，由政府、研究机构和大学举办的电子政务研讨会越来越多、越来越规范。

根据中国学术会议在线网统计，2008—2017 年仅我国境内举办的国际会议就达近 20 次。

5. 国家科研项目支持电子政务研究

在国家社科基金项目数据库网站，以"电子政务"为项目名称关键词进行搜索可以发现，自 2002 年以来，国家社科基金资助电子政务研究项目 30 余项（见表 1-1）[11]。国家自然科学基金也资助电子政务研究项目近 30 项（参见表 1-2）[12]。

表 1-1　国家社科基金资助电子政务研究项目（2002—2017 年）

学科分类	项目名称	立项时间
政治学	中国政府电子政务的模式与应用	2002
图书馆、情报与文献学	电子政务系统中文件管理风险分析与对策研究	2003
应用经济	电子政务的需求与效益问题研究	2003
图书馆、情报与文献学	电子政务信息资源的共建与共享研究	2003
图书馆、情报与文献学	社会科学信息对地方电子政务发展的资源需求优势	2003
图书馆、情报与文献学	电子政务信息资源的共建与共享研究	2003
政治学	电子政务环境下的中国城市政府管理模式研究	2004
图书馆、情报与文献学	基于电子政务信息资源管理的社会突发事件应急信息系统建设研究	2005

续表

学科分类	项目名称	立项时间
图书馆、情报与文献学	基于知识管理思想的电子政务信息资源共享体系研究	2005
图书馆、情报与文献学	基于知识组织系统的电子政务信息资源管理：模式和方法	2005
图书馆、情报与文献学	中西部欠发达地区信息化与电子政务建设模式研究	2005
图书馆、情报与文献学	作为电子政务数据中心的数字档案馆建设模式研究	2006
政治学	地方电子政务的公共性及其提供模式研究	2006
图书馆、情报与文献学	电子政务环境下政府信息资源获取与利用模式研究	2007
图书馆、情报与文献学	电子政务信息资源整合机制研究	2007
政治学	电子政务与政务信息资源共享机制研究	2007
图书馆、情报与文献学	电子政务信息资源共享的安全保障机制研究	2007
图书馆、情报与文献学	基于社会化服务的电子政务信息资源共享研究	2007
图书馆、情报与文献学	电子政务环境下电子公文流程分析与设计	2007
图书馆、情报与文献学	电子政务公共服务的公众接受问题研究	2008
图书馆、情报与文献学	电子政务环境下政府信息资源共享模式与运行机制研究	2008
图书馆、情报与文献学	电子政务环境下政府信息资源共享模式与运行机制研究	2008
管理学	我国电子政务系统外包开发模式风险控制研究	2010
管理学	移动电子政务平台的公共服务模型与实证研究	2010
政治学	电子政务与政府管理流程再造的理论与方法研究	2010
政治学	国家电子政务网络建设与提升政府公共服务和管理能力研究	2011
图书馆、情报与文献学	电子政务系统可生存策略研究	2011
管理学	电子政务中的政民互动评价体系及实证研究	2012
图书馆、情报与文献学	电子政务信息公平研究	2012
法学	电子政务构建和运行的法治保障体系研究	2013
应用经济	电子政务云安全审计体系研究	2017

表1-2　国家自然科学基金资助电子政务研究项目（2003—2015年）

项目名称	依托单位	时间
电子政务中信息资源管理对政府辅助决策的研究	南京大学	2003
知识驱动的电子政务过程建模研究	上海交通大学	2004
电子政务信息系统审计基础框架和方法研究	东北财经大学	2004
绩效预算管理体系研究（以电子政务为例）	财经部财政科学研究所	2004
利用电子政务建设服务型政府的基础问题研究	北京大学	2005
电子政务管理理论与方法的基础研究	上海交通大学	2005

续表

项目名称	依托单位	时间
失业风险自动检测预警模型研究——基于电子政务平台设计	重庆大学	2005
第一届亚太地区电子政务专题研讨会	上海交通大学	2006
政府客户关系管理基础理论及其在电子政务中的应用研究	浙江大学	2006
信息—知识—智能转换理论在电子政务中的应用	北京邮电大学	2007
中美"电子政务"研究特别合作项目：水文信息及水资源政策的合作与构建	河海大学	2007
基于电子共融理论的电子政务绩效评价研究	哈尔滨工业大学	2007
电子政务服务质量公众满意度评价理论方法研究	中国人民解放军国防科学技术大学	2007
G2C电子政务应用系统的终端用户接受模型与实证研究	上海交通大学	2008
基于主题图的电子政务门户知识组织与整合方法研究	华中师范大学	2008
电子政务服务能力影响因子实证研究	南京大学	2008
电子政务环境下信息技术外包的风险治理模型研究	华中科技大学	2008
G2C电子政务的协同效率改进与实证分析研究：一个行为学导向的MIS研究视角	上海交通大学	2009
电子政务跨组织业务流程模型与柔性控制方法研究	大连理工大学	2010
G2C电子政务应用系统的终端用户接受模型与实证研究	上海交通大学	2010
电子政务系统中的网络信息安全体系研究	中国科学院信息工程研究所	2010
强制采纳环境下G2B电子政务系统应用服务理论研究	哈尔滨工业大学	2011
我国电子政务标准的产生机制及采纳扩散研究	北京外国语大学	2011
面向一体化的电子政务信息资源整合框架与共享标准体系研究	清华大学	2014
大数据环境下知识融合与服务的方法及其在电子政务中的应用研究	大连理工大学	2015
电子政务服务价值共创机制及实现模式研究与实证	南京大学	2015
电子政务回应性测度及回应性的影响因素实证研究	西安交通大学	2015

二、电子政务研究的价值与意义

1. 推动国家治理现代化

电子政务研究可以为政府转变职能、改进管理和服务方式提供理论依据。电子政务研究的主要任务是探索信息社会政府与工业社会政府的区别与联系，信息政府的特点、本质以及如何构建信息政府。

2. 提高公务员信息素养，进而提高公共管理和公共服务的整体水平

公务员信息素养是指公务员通过掌握信息知识和信息技术，在信息社会中积极开发、利用信息的修养与能力。公务员信息素养包括信息观念、信息意识、信息能力、信息知识和信息道德。公务员作为公共管理和公共服务的主体，同时也是治理现代化的主要实践者，其信息素养的状况直接影响到电子政务建设乃至社会信息化的进程，同时也对信息化条件下的政府职能的转变起到关键作用。而电子政务研究恰恰研究的是信息技术如何在公共管理和公共服务领域得到广泛而深入的应用，政府信息资源如何进行深度开发和有效利用，政府信息资源如何支撑政府管理的精细化和政府决策的科学化。因此，电子政务研究有助于提升公务员的信息素养。

3. 推动和促进电子政务建设，进而提升政府竞争力

电子政务建设实践必须由理论引领，电子政务研究的目标之一就是在公共管理理论、公共服务理论、政府管理信息系统（Management Information System，MIS）理论等理论的基础之上形成电子政务建设专用的理论体系，从而使电子政务建设实践与电子政务理论相得益彰、共同促进。当电子政务建设得到发展时，它就可以从提高政府工作效率、服务能力和管理水平，提升政府决策水平，促进政府职能转变，降低政府管理和服务成本，强化对政府行使职权监督，推进廉政建设，推动经济与社会信息化进程等多方面提升政府的核心竞争力。

4. 构建电子政务学科体系，为进一步完善电子政务教育与培训体系奠定基础

尽管电子政务研究到目前差不多有近 20 年的发展历史，但还没有形成公认的、完整的学科体系。事实上，目前的电子政务学科还是一门由多个不同传统学科相互作用、相互联系而产生的交叉学科，既有"电子"的自然科学属性，又有"政务"的社会科学属性。教育部颁布的本科、专科招生专业目录中没有明确设置电子政务专业，其多为某个专业下的研究方向，尚未独立为专业。在隶属专业方面，挂靠在行政管理专业或公共事业管理专业下的情况占多数，也有部分高校将其挂靠于计算机软件工程专业或信息管理与信息系统专业。这些情况也导致电子政务的课程内容、教学理念、人才培养目标因不同的学科隶属而有所不同。所以，电子政务研究的重要任务就是建构

电子政务知识体系，逐步形成范式和边界清晰的、系统成熟的，包括电子政务理论、方法和技术的完整知识体系。

5. 丰富和发展公共管理理论，特别是公共服务理论

公共管理理论、公共服务理论等事实上是西方在探索构建信息社会政府的过程中形成的，目的也是为了更好地指导治理现代化的实践。电子政务建设是西方找到的摆脱工业社会政府困境、实践治理现代化的最佳途径，电子政务建设实践经验的总结与升华必然有助于丰富和发展公共管理理论，特别是公共服务理论。

三、电子政务研究的特点

1. 各国研究环境的特殊性

发达国家电子政务建设是在长期工业化基础之上进行的，它们有较好的基础设施和较为完备的标准化体系。故而，发达国家电子政务研究关注的问题更多在于信息技术与政府治理的无缝结合，如何利用网络空间重塑政府，如何构建组织（包括政府和非政府组织）之间的网络，在网络空间中政府如何进行指挥、控制和领导，电子民主，等等。与之相比，发展中国家由于政治、历史、经济、文化的不同和相对巨大的数字鸿沟等原因，电子政务研究更多关注的是较为实际的问题，诸如 OA、网站建设、信息技术应用、办事服务等。

2. 研究主体的多元性

电子政务研究在世界范围内都表现出"八仙过海，各显神通"的景象。其中，最具成果的研究当推发达国家的政府研究机构（如美国总务管理局），和将政府作为研究对象的非政府研究机构（如绩效研究院）对电子政务所做的研究。这类的研究机构因为有政府的资料作为支撑，同时拥有专家和学者、智力和信息的多重优势，而卓有成效。

（1）IT 服务公司

IT（Information Technology）服务公司的研究多来自感性经验，主要提供电子政务解决方案，尽管它们的解决方案对研究来说价值并不大，但是，它们能较好地把公务员的经验与系统设计者、程序设计者的经验结合在一起。

（2）管理咨询公司

最著名的管理咨询公司当属埃森哲（Accenture）管理咨询公司，《电子政务领导——实现愿景》是其重要的、有广泛影响力的研究成果之一。

大多数IT服务公司和管理咨询公司比较注重对客户关系管理、政府信息资源规划等的研究，有强大的研究能力、智力资源以及来自电子商务和管理咨询的大量实践经验，它们的研究通常价值较大，也比较务实。

就我国而言，研究主体主要由以下机构和研究力量构成：高校和党校系统的教学和科研人员，高校和研究机构如中国科学院、中国社会科学院自办的电子政务研究所或者研究中心，咨询公司或者计算机软件公司，各级政府机构或者事业单位的信息中心或信息化办公室，等等。

3. 研究内容的交叉性

电子政务涉及的学科门类十分广泛，包括政治学、经济学、社会学、法学、图书馆学、情报学、档案学等社会科学，自然科学，工程技术科学。有学者甚至建议构建政府信息科学替代电子政务研究。[13]

4. 研究与实践的同步性

电子政务是一个新生事物，其实践迫切需要研究成果作为理论指导，而研究成果在实践中得到的反馈又可以使研究更加完善。所以中国电子政务研究基本是沿着"边实践边研究"的路线进行的。[14]

5. 研究体系的渗透性

中国共产党的各级机关推行的"电子党务"、各级人民代表大会推行的"电子人大"、各级政协推动的"电子协商"、军队管理部门推行的"电子军务"、教育主管部门推行的"教育电子政务"等，既有各自信息化的独特性，也与政府部门的信息化——电子政务有许多相通之处。

四、我国电子政务研究中存在的问题

1. 对国外电子政务建设的经验借鉴或者介绍比较多，自主创新的研究成果比较少

我国当前关于电子政务的文章，多数在介绍国外电子政务建设的经验和

国外学者的研究成果。国外的理论经验固然有很大的借鉴意义，但是与我国在体制环境、文化传统、社会组织、经济发展水平、信息基础设施、思想观念、管理水平等诸多方面皆有很大的差异，国外的经验理论并不一定适合我国电子政务的发展，还是要从我国的具体国情出发，研究适合我国电子政务发展的理论。

2. 理论研究多，实证研究少

我国当前的电子政务研究，把过多的注意力放在了理论方面，实证欠缺。电子政务建设是否在实质上提高了我国政府的管理效率？在哪些方面提高了效率？在哪些方面没有？从投入与产出的分析来看，目前的电子政务建设是高效益的还是低效益的？如何评价政府电子政务系统的效益，包括当前效益和潜在的效益？这些问题值得我们进一步研究，做出回答。

3. 从政府角度或者管理角度出发的研究成果比较多，从用户需求角度出发的研究成果比较少

电子政务的建设使得我国政府由"管理主导型"向"服务主导型"转变，政府的服务职能越发凸显。政府和公众是电子政务建设的两个主体。因此在自上而下的电子政务建设中就要切实地与用户的自下而上的需求相结合，使电子政务真正适合用户的需求。但是现在的研究还过多集中在政府层面上，对用户需求的研究还是缺乏的。不同层次用户最需要的服务是什么？用户眼中理想的电子政务模式是怎样的？这方面的研究还需要加强。

4. 对单个政府部门信息化的研究成果比较多，对政府部门间信息网络及信息共享的研究成果比较少

尽管现在研究电子政务的很多，但是各个学者还是从自己所从事的领域出发，忽略了系统的整体思想和方法论的指导。电子政务是一个包含社会经济、信息技术、管理科学、公共行政等诸多领域复杂的系统工程，因此对它的研究不能单从某一个领域出发，而是需要进行全方位的考虑。

5. 对政府网站的研究成果比较多，对电子政务宏观以及本质特征的研究成果比较少

电子政务不等同于政府网站，电子政务不但是政府执行公务的一件利器，更是政府职能及构架的深刻体现。政府网站域名中的"gov.cn"只是电子政务最直接的表现形式，对它的建设使用情况的研究才能让我们最直接地

掌握我国电子政务的现状。政府网站建设得好，不能说明电子政务就是成功的。服务意识的强化和管理体制的完善才是实现电子政务或服务型政府的关键。

第3节
电子政务研究的主要内容

一、对知识的理解

要对某一领域的知识进行研究，首先要对知识本身有自己的认知和理解。不同领域的学者对知识有不同的理解。有人从信息的角度来理解知识，黄梯云认为，数据是记录客观事物的可鉴别的符号。信息是具有关联性和目的性的结构化、组织化的数据。而知识是对信息的进一步加工和应用，是对事物内在规律和原理的认识。智慧是人基于知识所做出的推理、判断和主张。王万宗、赖茂生等认为知识是人类社会实践经验的总结，是人类发现、发明与创造的成果。知识所反映的是人类对客观事物的普遍认识和科学评价，对人类社会活动有重要的意义。人们通过学习和掌握知识，可以增长创造才能，提高决策水平，更有效地开展各项社会活动。

知识的本质特征是可理解性。1996年经济合作与发展组织（Organization for Economic Co-operation and Development，OECD）在《以知识为基础的经济》中将知识分为四种类型：事实性知识（Know-What）、原理性知识（Know-Why）、技能性知识（Know-How）和人力资源知识（Know-Who），其中事实性知识和原理性知识是可以通过书本、数据库等途径获取的"明会性知识"（Codified Knowledge），而人力资源知识以及技能性知识，是只能在工作中学习的、深嵌于社会和组织之中的"隐会性知识"（Tacit knowledge）。[15]

知识是人类认识的结果。人与自然的关系有两种：一种是人与自然的认识关系，一种是人与自然的改造关系。人对自然界的认识产生科学，人对自然界的改造产生技术。这些都是人类认识的主要成果。人对人及人类社会的认识产生社会科学，此外还包括人对人类认识成果的反思，这就是哲学。当然，在人类的知识当中还包括大量非科学的认识，比如文学、艺术及其他非科学的知识,它们都是人类知识体系的有机组成部分。

本书所讨论的知识限定在经济合作与发展组织所定义的知识范围,即包括事实性知识、原理性知识、技能性知识和人力资源知识。

二、电子政务研究的领域

电子政务研究领域可被划分为三大区域:电子政务用户相关研究、电子政务建设实施管理研究和电子政务相关技术的应用研究。从国内外电子政务研究文献看,其主要内容集中在一般性介绍、服务传递、服务管理、技术实现、服务作用、影响因素、实证研究、综述与评论等方面。

1. 国外研究领域

国外学者对电子政务的研究一般可以分为两个方面。

(1) 通过研究政府网站来研究电子政务

这类研究以布朗大学公共政策研究所为代表,布朗大学每年都要对全球各国主要政府网站进行数据采集和测评。它的方法主要是采用一些特征性指标检测网站的建设状况。这一类方法有两个缺陷:一是虽然政府外网有很大作用,但是政府外网不等同于电子政务,因而此类研究难以透视到电子政务的内部,只能描绘电子政务对外服务部分的轮廓;二是采用的一些指标难以全面评价网站的功能,因此存在很大的不足。

(2) 从公共管理和行政改革角度研究电子政务

这一类研究往往是将新管理思想——企业再造、流程重组、增加组织的灵活性——引入政府组织,思考政府部门的流程设置。这一类研究是值得借鉴的。

2. 国内研究领域

我国学术界电子政务研究主要集中在以下领域:①电子政务与政府再造;②电子政务绩效评估;③政府网站建设与评估;④数字城市;⑤数字鸿沟;⑥信息资源开发;⑦信息资源共享。在这七个研究领域中,电子政务与政府再造、政府网站建设与评估、数字鸿沟三个研究领域的研究文献比较集中,这三个领域的文献量分别占被引文献总量的 41.4%、14.6% 和 18%[15]。

参考文献

[1] [4] [5] 李永忠. 电子政务：理论与实践 [M]. 北京：北京师范大学出版社，2016：3-14.

[2] DUNLEAVY P, MARGETTS H, BASTOW S, et al. New public management is dead: long live digital-era governance [J]. Journal of public administration research and theory, 2006, 16 (3)：467-494.

[3] 诺思. 制度、制度变迁与经济绩效 [M]. 杭行，译. 上海：格致出版社，上海三联书店，上海人民出版社，2008.

[6] 芳汀. 构建虚拟政府：信息技术与制度创新 [M]. 邵国松，译. 北京：中国人民大学出版社，2004：33-34，33-34，228.

[7] 孙宇，高敏，石永玮. 热点及变迁：十余年来中外电子政务研究的比较分析 [J]. 电子政务，2015 (3)：44-53.

[8] HEEKS R, BAILUR S. Analyzing E-government research: perspectives, philosophies, theories, methods, and practice. Government information guarterly, 2007, 24 (2)：243-265.

[9] 国家行政学院电子政府研究中心. 国家行政学院电子政务研究中心 [EB/OL]. (2014-05-30) [2018-06-01]. http://www.egovernment.gov.cn/art/2014/5/30/art_478_596.html.

[10] 王志远. 我国电子政务研究领域的文献计量分析 [D]. 吉林大学，2013.

[11] 国家社科基金项目数据库 [DB/OL]. [2018-06-01]. http://fz.people.com.cn/skygb/sk/index.php/Index/search?xmname=电子政务.

[12] 国家自然科学基金网络信息系统 [EB/OL]. https://isisn.nsfc.gov.cn/egrantindex/funcindex/prjsearch-list.

[13] 金江军. 政府信息科学刍议 [J]. 中国信息界. 2012 (2)：19-21.

[14] 汤志伟，赵生辉，贾旭旻. 国内电子政务研究的现状及趋势综述. 电子科技大学学报（社科版）[J]. 2006 (2)：39-43.

[15] 岳剑波. 信息管理基础 [M]. 北京：清华大学出版社，1999：197-199.

第2章

电子政务研究的理论基础

本章导读

电子政务研究中涉及的相关理论纷繁复杂，主要包括新公共管理理论、新公共服务理论、公共经济学理论和政府管理信息系统理论。

新公共管理理论和新公共服务理论主要探索信息社会政府管理模式，为电子政务建设提供了指导思想，确立了电子政务建设的核心目标是实现公共服务电子化，政府要从管理者转变为服务者。公共经济学理论探索了政府经济行为及规律，结合新公共服务理论指导了政府的行为，并以成本—收益分析为电子政务建设的评估提供了理论依据。政府管理信息系统理论不仅有效改变了政府的办公方式，而且为普遍实施的线上服务和部门间协同共享提供了后台基础，并且不断有新技术产生并引入到电子政务建设中来。

第1节
新公共服务理论

一、新公共服务理论的产生过程

新公共管理理论先于新公共服务理论出现,为新公共服务理论的产生奠定了基础。

1. 新公共管理理论的产生及要点

20世纪70年代末以来,西方发达资本主义国家实行的政府改革引起了极大的社会反响,有别于传统公共行政的新公共管理模式开始出现。英国著名学者克里斯托弗·胡德总结分析了西方国家政府改革所体现出来的政府管理新模式,并把基于这种政府管理实践的经验及认识称为新公共管理理论。新公共管理理论以现代经济学和企业管理理论、方法为理论基础,以英国撒切尔政府、美国里根政府以及其他国家政府改革实践为主要研究对象[1]。其理论有以下几个要点。

(1) 政府的职能由"划桨"变为"掌舵"

新公共管理理论主张政府在公共行政中应该只是制定政策而不是执行政策,政府应该把管理和具体操作分开,认为传统政府低效的一个重要原因就是忙于"划桨"而忘了"掌舵"。

(2) 以"顾客"为导向

新公共管理理论认为,政府是服务提供者,是负责任的"企业家",而公众是其尊贵的"顾客"。政府应以顾客需求为导向,倾听顾客意见,向其提供服务,改善公共服务质量,提供全面优质的公共产品、公平公正的公共服务。

(3) 重视效率追求

追求效率是公共行政的出发点和落脚点,新公共管理理论倡导企业家式的政府,主张公共部门应该以最大的效率提供商品和服务。

(4) 改造公务员制度

新公共管理理论主张废弃公务员价值中立原则,认为政治与行政完全脱离是不可能的,强调公务员与政务官之间存在着密切的互动和渗透关系,主张部分高级公务员参与政策的制定并承担相应的责任。

(5)采用私人部门成功的管理手段

新公共管理理论主张政府将私人部门成功的管理手段和经验引入公共部门,如重视人力资源管理、强调成本—收益分析、全面质量管理等。

(6)采用授权或分权的方式进行管理

新公共管理理论提倡以授权、分权的办法来对外界变化迅速做出反应,从而提高政府工作效率[2]。

2. 新公共管理理论的局限性

新公共管理理论本身在理论和实践方面都存在着一定的缺陷,过于强调节约经费和私有化,导致改革成败参半。其主要问题如下。

(1)一味追求利益和效率的最大化

"理性人"假设(又称"经济人"假设)认为,人的理性都是为了自己的利益,都希望以最小的付出获得最大利益。新公共管理理论从"理性人"假设中获得绩效管理的依据,一味追求利益和效率的最大化,忽略了人的情感需求,如公平、公正、民主、信任等。

(2)逃避了政府责任,忽略了市场的局限性

新公共管理理论主张政府的职能为"掌舵"而非"划桨",意味着政府承担的责任将减少。新公共管理理论主张将更多的公众服务交给市场,然而公共部门之间竞争和完全的市场竞争是不同的,市场也不是万能的,市场失败同样可以导致政府失灵。

(3)忽视了私人部门与公共部门的差别

新公共管理理论一味地把私人部门的管理方法运用到公共部门,为私有化而私有化,忽视了公共部门与私人部门的差别,也忽视了社会经济的实际需求,甚至导致了公共部门"公共性"的丧失。例如,英国铁路私有化改革将铁路运行分段与车站管理分家,导致铁路系统七零八落,效益大幅度下降。

3. 新公共服务理论的产生

基于对新公共管理理论的反思与批判,美国著名行政学家罗伯特·B.登哈特和珍妮特·V.登哈特针对新公共管理理论的精髓——企业型政府理论

的缺陷建立了一种新的公共管理理论——新公共服务理论。1993年美国克林顿政府所推动的重塑政府改革，不同于里根政府对财政釜底抽薪、强调节约的特点，反而在一些措施中增加了财政支出，强调以业绩评估政府改革，以公众满意度来衡量成就，提高效率和公众信任度。此时恰逢网络技术开始普及，政府部门间管理信息系统互联互通、信息共享的技术基础也趋于成熟，克林顿政府在新公共服务理论指导下开始了电子政务建设，为美国联邦政府改革和创新注入了新动力。

二、新公共服务理论的基本内涵

登哈特夫妇在《新公共服务：服务，而不是掌舵》中提出的新公共服务理论，不同于传统行政理论将政府置于中心位置，而是将公众置于整个治理体系的中心，推崇公共服务精神。它有以下七大原则。

1. 政府的职能是服务，而不是"掌舵"

新公共服务理论主张政府及其公务人员的职责不能仅限于对社会的控制，更在于帮助公众表达并实现其共同利益。

2. 追求公共利益

新公共服务理论指出公共利益是目标而非副产品，公共行政官员必须致力于建立集体的、共享的公共利益观念以及共同责任，而不是在个人选择的驱使下找到快速解决问题的方案。

3. 为公众服务，而不是为顾客服务

新公共管理理论指出，政府是"掌舵者"，市场是"划桨者"，公众是"顾客"，公务员应对"顾客"的要求做出回应。新公共服务理论则认为，公众是公共服务的接受者和监督者，是"船只"真正的主人，因此政府及其公务人员的服务对象不是"顾客"，而是"船只"真正的拥有者——公众。政府及其公务人员不能仅限于对公众的要求做出回应，更应积极主动与公众沟通，建立良好的信任关系，实现公平和公正。

4. 战略的思考，民主的行动

新公共服务理论提出，符合公共需要的政策和计划，只有通过集体的努力和协作才能够最有效、最负责地得到贯彻执行，并且在具体的计划实现过程中，还需要公众积极参与。

5. 责任并不是单一的

公务员不仅应该关注市场,还应该关注宪法和法令、社会价值观、职业标准、政治行为准则和公众利益等。

6. 重视人,而不只是重视效率

一味追求最大限度地提高效率是一种狭隘的观点,无法培养出具有责任心和奉献精神的公共行政人员和公众。新公共服务理论提倡发扬人本主义,认为公平、正义、回应性等也是判断绩效的重要标准。

7. 公众权和公共服务比企业家精神更重要

新公共管理理论主张公共行政官员像工商企业家一样行事,把政府官员当作企业家,其目标——追求效率最大化和满足顾客需要相当狭隘。新公共服务理论则明确提出,政府为公众所有,公共行政官员并不是其机构和项目的业务所有者。如果公共行政人员和公众都致力于为社会做出一定的贡献,公共利益的实现将会更加容易[3]。

三、新公共服务理论的创新之处

新公共服务理论是对新公共管理理论的修正、补充和完善,在理论上有诸多创新之处,对于电子政务实践和研究具有重要的指导意义。

1. 高度重视公众权

新公共管理理论对人性的假设建立在"理性人"假设的基础上,而新公共服务理论则将人定义为具有公众美德的公众,重视人的情感需求。例如在美国国会的网站上,通过查询参议院、众议院的任何一名议员的主页,可以清楚地知道该议员曾经参与投票的法案的名称、时间、简介、本人的投票情况,每一位公众可以充分了解该议员的政治倾向和政治立场,尤其是议员参与竞选之时,议员信息披露会更加完整。

2. 重新定位了政府的角色

新公共服务理论指出当今政府不是处于控制地位的"掌舵者",而是公共服务的提供者。政府和行政官员不是"企业家"而是"公共资源的管家、公众权和民主对话的促进者、社区参与的催化剂、街道层次的领导者"。例如当今政府信息门户网站建设的总体趋势是,改变过去按照部门或机构的职责来划分和组织信息的方式，以政府所服务的群体进行信息分类，并以此为基础提供服务。

3. 纠正了把服务对象当作顾客的观点

新公共管理理论将政府定位为"掌舵者"，将市场定位为"划桨者"，将公众定位为"顾客"。登哈特指出，当强调政府为社会"掌舵"的时候，是否正在淡忘谁才是真正拥有这条船的人呢？过分强调把服务对象当作"顾客"会造成对公众的作用和意愿的忽视。顾客的需求有先后之分，利益有长期和短期之分，而对于公众，政府必须关注其需要和利益，要以公平和公正的原则为他们提供服务，因此没有先后之分。新公共服务理论指出公众才是"船只"真正的主人，将公众置于整个治理体系的中心，关注他们的社会身份而非仅仅将其视为"顾客"，主张改变政府单独"掌舵"的局面。例如，加拿大政府所有的网上服务，都是在对用户进行广泛的市场调研的基础上推出的，以确保最大限度地满足用户的需求和利益，使电子政务带来的改变真正有利于其公众。

4. 强调对道德环境和民主价值的关注

新公共管理理论追求"3E"价值取向，即 Economy（经济）、Efficiency（效率）和 Effectiveness（效能）；新公共服务理论抛弃了"3E"的单一价值取向，主张对道德环境、民主价值等的关注，把自由、正义、公平、民主、参与等看作公共管理的重要价值取向。例如，英国电子政务建设最突出的特点是"平民化"，在建设初期就开始对低收入家庭提供电脑出租服务或者购置电脑补贴，并提供广泛的免费电脑培训服务。

5. 强调合作而非竞争

与新公共管理理论主张在公共管理中引入竞争机制，强调公共部门竞争不同，新公共服务理论更倾向于政府与社会、与民众在公共领域进行对话协商和合作洽谈，强调合作优于竞争。例如美国的 DATA.GOV 网站免费提供由美国联邦政府行政部门所收集、经过一定处理的、具有较高研究价值、可供再处理的数据，甚至还提供高效的数据处理软件，供公众查询、研究和利用。

但是，现阶段新公共服务理论的发展和实践大多还停留在对其含义、特征等理论研究层面，还面临着许多的困惑，如新公共服务理论过分强调民主价值，可能会出现低效率的问题。

总之，新公共服务理论有着许多创新之处，对构建服务型政府有着重要的借鉴意义，但是它也面临着一定的困难。只有合理解决现存问题，新公共服务理论才能在政府的改革中不断发挥作用。

新公共服务理论是对新公共管理理论的传承与超越，有许多创新之处，对服务型政府的构建和电子政务建设的方向有着重要的借鉴意义。但是它的短板在于难以将理论付诸实践，比如公众评价体系的迥异使其难以达成共识，而造成服务方操作困难。登哈特夫妇就此问题提出可通过更高程度的市民参与和政民互动，使参与政府决策的范围更加广泛，来解决新公共服务理论的实践性问题。该方法的实行无论是政民信息分享、市民调查，还是政民协商对话，都离不开电子政务的运行和改进。只有不断改善现存问题，电子政务才能在政府改革的道路上不断发挥重要作用。

21世纪以来，新公共服务理论还是占据大多数政府改革的指导理论地位，并在此基础上进行了一些前沿探索，如一些地方开始致力于建立一种将公众个人偏好转化为公众福利的合作机制，将发现共同问题并提出解决方案的动力和责任交给公众。这些新的探索仍然体现出新公共服务理论所强调的服务精神、民主价值和公共利益。

就电子政务研究而言，21世纪以来，面向公共服务的电子政务研究崭露头脚，研究文献也逐渐丰富。大量文献以新公共服务理论为指导，主要研究政府流程再造和现代信息技术的应用如何更好地推动公共部门履行社会管理和公共服务职能，政府门户网站的绩效评价方法和体系从而提升它的公共服务能力，面向公共服务的电子政务效果，等等。

第2节
公共经济学理论

电子政务在建设和评估的复杂过程中，经常需要考虑这样的问题：为什么政府似乎是有选择性地从事某些经济活动？整个过程中涉及公共部门和私人部门的投入，那么应该以谁的投入为主呢？如何判断电子政务建设成功与否？现在的政府项目建设与过去的数百年间相比，政府的活动范围发生了怎样的改变？应该怎样判断政府是否越位？是否只要政府尽力或者加大投入去做，就一定能够做得更好？如何在短期或长期的范围内来判断政府在公共领域的投入是否有效?这些都是电子政务建设过程中,公共部门需要关心的重要问题,也是电子政务研究的重要内容。

一、公共经济学理论的演变过程

公共经济学从重商主义开始萌芽,进而发展到以亚当·斯密、大卫·李嘉图等为代表的经济自由主义。公共经济学前期主要针对公共财政问题进行分析,且其分析主要是围绕着政府的收支管理展开的,重点在于对收入进行分析,而较为忽视对政府支出的分析。到了20世纪中期,经济学家开始把企业管理中的成本—收益分析方法引入公共财政学之中,弥补了前期对公共支出的忽视,并逐渐发展为一门专门研究政府行为、特征、规律等的学科——公共经济学。这里的政府指中央政府、地方政府,以及包括官方金融机构在内的所有由中央与地方政府出资兴办经营的企事业单位。

1. 经济自由主义

重商主义萌发于15世纪初,在17世纪达到极盛,18世纪成为欧洲地区占统治地位的经济政策和理论观点。它认为政府应积极、主动并大力干预经济生活,尤其是在限制国际贸易方面,要以国家政策为基本手段来保证一国的贸易顺差,从而保证国内的收入,进而增强国力。直到1776年,现代经济学创立者亚当·斯密在《国富论》中对重商主义进行了有力的反驳与质疑,开始倡导限制政府在市场中的作用,提倡自由贸易与自由市场,指出政府应该以较为开明的政策来引导经济,辅助自由市场以最可行、高效的方式生产出合意的产品[4]。

亚当·斯密的经济理论产生了广泛且深远的影响,19世纪众多经济学家的经济思想和多个国家政府的经济政策在其影响下都发生了改变。例如英国资产阶级庸俗经济学家约翰·斯图亚特·穆勒和古典经济学家纳索·威廉·西尼尔,也在传播和进一步发展他们的自由贸易的思想;英国在19世纪中叶废弃了以重商主义为主导的经济政策,开始了自由贸易时代等。在这些经济学家们看来,政府不需要管制、也不应该管制私人部门,更不用说以政策来控制私人部门,应尽可能发挥市场自发形成的、没有拘束的竞争所带来的巨大作用,这样才有利于实现社会利益的最大化,增加一个国家的财富。我们把这一时期的经济思想统称为经济自由主义[5]。

2. 国家干预主义

19世纪到20世纪初期，自由市场的经济思想和经济政策在欧美等国占据主导地位，然而1929年出现的经济大萧条使该经济思想遇到了前所未有的挫折。经济自由主义在经济大萧条时期的市场呈现出失灵状态（市场无法有效地配置资源），并且难以自我矫正和修复，一切市场自我调节方式都不再有效，高失业率和大幅下降的国民产出，开始改变经济学家对政府在市场中所起作用的态度。由此，一个新的理论开始广泛流传开来，并且理由显得足够充分：如果市场在某一重要方面失效，政府就应该义不容辞地挺身而出，矫正市场失灵。一批优秀的经济学家基于这个思路开始推出新的经济思想，其中的典型代表是英国经济学家约翰·梅纳德·凯恩斯。他在《就业、利息和货币通论》一书中提倡国家直接干预经济，提出在市场失灵后出现的经济衰退时期，政府应该积极作为，应对经济衰退、稳定经济活动。面对经济大萧条这样严峻的时代背景，以美国为首的多国政府也纷纷制定新的经济政策，如提出政府要积极干预经济，在市场中要发挥更积极的作用，要通过立法来缓解萧条时期的具体问题，建立社会保障体系，包括失业保险、失业保障、联邦存款保险、农产品价格支持等项目，努力稳定经济活动水平。这一时期的经济思想统称为国家干预主义[6]。

3. 市场与政府双双失灵情况下理论的完善

政府与市场一样，也会出现失灵的状况。以亚当·斯密为代表的经济自由主义和以凯恩斯为代表的国家干预主义，都没有完好地使经济持续稳定繁荣，都因滞胀的出现而宣告失败。因此，经济学家们需要对政府的行为，特别是经济行为进行科学的研究，通过对政府及其附属物经济行为的研究来探索如何建设一个廉洁而高效、公平与效率兼顾的政府。

经济学家们开始不断地将新的理论运用到对政府和市场关系的审视当中，如经济博弈论和信息经济学等，代表作包括美国经济学家威廉·维克里的《公共经济学》、美国经济学家迈利斯的《公共经济学》、美国经济学家科奈利和孟罗合作的《公共部门经济学》、美国经济学家鲍德威和威迪逊合作的《公共部门经济学》等。总而言之，公共经济学是在多次面对市场失灵和政府失灵的过程中发展起来的，它以政府部门经济行为为主要研究对象，力图寻找政府干预和市场调节之间的最佳结合点，确定政府的适当作用，将两者的失灵降到最低。

4. 公共经济学的诞生、普及与发展

1959年德国政治经济学家马斯格雷夫在《财政学原理：公共经济研究》中没有沿袭对政府收入进行重点分析的传统模式，而是把企业管理中的成本—收益分析方法引入公共经济理论，超越了经济自由主义的研究模式，这标志着公共经济学的诞生。

20世纪60年代以来，公共经济学的研究进入热潮，随着经济社会的发展以及几十年来各主要资本主义国家经济危机的发生，公共经济学的研究受到了更加广泛的关注且得到了迅速的发展，在整个经济学界中的地位越来越重要。1962年美国经济学家布坎南和塔洛克在合著的《赞成意见的运算》一书中，确立了公共选择理论在公共经济学中的决定性地位；1965年挪威经济学家列夫·约翰森在《公共经济学》一书中，不仅界定了公共部门的范围与特征，还确立了"公共经济"的概念；1966年美国创立了以"公共经济学"命名的学会和杂志，促进了公共经济学的普及与发展；20世纪70年代，以布坎南为代表的一批经济学家运用微观经济学的分析方法研究政府的政治决策过程，在公共选择理论方面的研究有了突破性进展；20世纪80年代以来，公共经济学进入了研究高潮，一大批高水平的公共经济学著作不断涌现，其中比较有代表性的有1980年英国经济学家阿特金森和美国经济学家斯蒂格利茨的《公共经济学》、1984年鲍德威和威迪逊的《公共部门经济学》、1985年美国经济学家奥尔巴克和费尔德斯坦的《公共经济学手册》等[7]。

总之，公共经济学以公共部门的经济行为和经济活动为研究的主体，是经济学中专门研究政府经济行为特殊规律的分支学科，不仅论述各级政府部门和公共组织的存在意义和行为，还能够从效率的角度解释政府应该做什么以及怎样做。

二、公共经济学相关概念及理论要旨

1. 公共部门和私人部门的区别与联系

为了理解公共经济学的一些关键理论，首先需要区分西方经济学中的经济活动主体，即公共部门和私人部门。公共部门是指政府及其附属者，主要由政府部门、公共事业部门和公共企业部门组成，私人部门则主要是指企业和家庭。

无论是公共部门还是私人部门，都时刻以各自的方式和特征自主或不自主地参与国民经济的运行，都在一定程度上影响着国民经济的运行和发展，但是它们的行为方式和目的却大不同。私人部门通常以实现利润最大化为目标，有强烈的利益动机，行为的实施有明显的利己特征。例如企业和个人对政府网站的访问具有更为凸显的目的性和不连贯性，且其对政府网站的关注度相对于其他商业网站明显较低。政府的目标和行为与私人部门有明显不同，它主要是为了社会目标而存在的，更关注社会的公正与公平，但是在经济活动中也不会完全忽视利益、成本和效率。例如政府网站对公众和企业都是免费提供服务的，且没有任何广告收益，其主要目的就是缩小政府与私人部门之间的信息鸿沟，以更迅速、便捷、低价、公平的方式向所有私人部门提供更高质量的服务[8]。

2. 公共产品的市场失灵、政府项目的政府失灵及其原因

公共产品以及政府项目由于其自身特点的限制，很难与私人物品、私人项目一样完全遵循市场规律。探索公共产品的市场失灵、政府失灵及其原因是公共经济学研究公共经济运行规律的起点。

（1）公共产品与私人物品

在经济学领域，常常以两个基本特征来区分公共产品和私人物品：首先，该产品是否具有竞争性消费的特征；其次，该产品是否具有排他性消费的特征。竞争性消费是指，如果某人使用该产品，则其他人就不能使用该产品。例如，如果小林用掉一支签字笔，小李就不可能使用同一支签字笔。相反，非竞争性消费指的是，一个人消费不会减少或阻止他人消费的情形，典型例子是政府网络服务。如果政府建立信息基础设施，通过政务网络向公民、企业提供公共服务，那么所有的公民和企业都将得到服务。一个婴儿出生，一个新的企业成立，基本上不会影响政府服务成本，也基本上不会增加额外成本。与之形成鲜明对照的是，多一个人使用某种私人物品，则必须利用其它资源再提供一件该物品，比如上文举例的签字笔，只有利用其他资源再制造一支签字笔，小林和小李才能均使用上签字笔。

判断某产品是否具有排他性消费的特征，要看该产品有无可能在不需要很大成本的情况下将其他人排除在公共产品的利益之外。例如，我国的公众和企业都无法被排除在其所享受的政府网络服务利益之外。这就导致了一个必然的事实——既然无法排他，那就无法使用价格体系，获得政府网络服务

的消费者也就无法受到激励去进行支付。私人物品与其相反，总是具有排他性的：人们如果不付费，就不能享用该产品。综上所述，我们发现私人物品总是具有消费上的竞争性和排他性特征，而公共产品则不具有竞争性和排他性。

(2) 公共产品的市场失灵

市场失灵是指通过市场价值规律无法实现资源最佳配置、效率最高的情况。公共产品不具有竞争性和排他性，如果不对该产品收费，则该产品的供给方缺少激励，会导致供给不足，这是一种低效率的表现形式。如果对公共产品收费，使该产品具有排他性，但这会阻止一部分人享用该产品，导致消费不足，这也是一种低效率的表现形式。因此，公共产品的市场失灵有两种基本形式：消费不足和供给不足。因此，当各级政府没有足够的激励去完善政府网站、提供更高质量的政府公共服务时，政府网络服务作为公共产品，所表现出来的市场失灵就是由于供给不足所导致的低效率。

(3) 政府项目的政府失灵

当今世界大部分国家都是以市场经济为主体，从众多国家的实践来看，市场机制要比其他方式更能提高资源配置的效率。然而市场由于各种各样的原因，并不能持续稳定地运行发展，常常会出现失灵的现象，在此时，需要政府扛起弥补市场失灵的重担。在市场经济的作用下，政府的职能主要表现在提供公共服务、维护市场秩序、参与收入分配、优化资源配置以及稳定经济等方面。因此，与政府职能息息相关的电子政务也是一个涉及多个部门、多个层次、多个方面的复杂工程，电子政务在政府职能的各个方面都有所体现。

以大萧条为代表的市场失灵使得多个国家创立了众多政府项目，而短短几十年后这些项目的诸多缺点使得经济学家不得不再次探讨政府失灵。

政府失灵又称政府失败或政府缺陷，是指个人对公共物品的需求得不到较好的满足，政府部门在供给公共物品时存在浪费和滥用资源的现象，从而导致公共财政支出规模过大、效率低下，政府干预措施缺乏效率；有时也指政府做出了降低经济效率的决策。

为何政府项目没有如预期般发挥出良好作用？政府失灵是偶尔发生的还是必然会出现的？这些问题是电子政务项目在设计和实施时需要考虑的方面。

政府在实现政府项目目标时，出现政府失灵主要有四个方面的原因：政府有限的信息、对下属地政府部门的有限控制、对官员的有限控制以及行政过程的局限性。

（1）有限的信息

许多行动的结果复杂且难以预测，政府有时对自己所要做的事缺乏足够的信息。例如，政府没能预测到按照行业模块纵向（"金字工程"）进行电子政务建设时会出现大量的信息孤岛，行业间试图进行信息共享和协作时就会遭遇到巨大困难。

在没有统一的建设标准的前提下，当各行业内部的电子政务建设达到一定程度，想要打破信息孤岛进行信息共享应该选择电子政务建设更先进、更合理、更具兼容性的行业作为模板，其他行业则按照该模板进行修改重建。然而，政府仅根据有限的信息，区分谁的电子政务建设更先进、更合理和更具兼容性，也会难以抉择。

（2）对下属地政府部门的有限控制

政府对其下属地政府部门的控制是有限的。例如，政府未能预测到下属地各级政府部门在引进电子政务建设后，大部分部门原有的流程依然不变，而是在此基础上增加了电子流程，这对公务员来说不仅没有提高效率反而增加了负担。造成此现象的原因之一是，政府不能直接控制各部门的流程再造。

（3）对官员的有限控制

在许多情况下，政府各部门、各地区官员并非有意不贯彻上级政府部门的意图，也可能是因为上级政府部门的意图模糊不清。当缺乏先行、统一、具体的标准体系和及时的法律保障作为指导时，各部门、行业官员只能按照各自的理解进行电子政务建设，这必然会出现参差不齐、信息孤岛等现象。同时，官员是否积极主动贯彻上级政府部门的意图还取决于是否存在适当的激励。

（4）行政过程的局限性

即使政府对所要执行的项目所有可能的行动过程与结果拥有完整信息，在项目执行过程中，由于行政过程本身的局限性，还是会存在其他困难。例如，政府网站由于不具备竞争性和排他性，会不可避免地出现低效率、供给不足等情况；各层级的政府部门有可能以简单的方法来应对电子政务这种复杂的、系统的工程。

3. 公共部门与私人部门的平衡

虽然层出不穷的原因会导致市场失灵，寄希望于政府的干预来矫正市场失灵也常常是不成功的，但当今经济学家仍然认为，有限的政府干预虽然不能完全解决问题，但可以缓解市场失灵问题。因此，在面对市场失灵时，政府应该以积极的姿态介入，缓解失业问题，进而减轻因失业导致的贫困问题。现在，公共服务的主体呈现多元化趋势，公共服务已经不只是公共部门一家提供了，越来越多的私人部门也参与进来。实现公共部门与私人部门的平衡是解决市场失灵和政府失灵的有效途径。

私人部门从事大部分经济活动，而政府除了直接从事一部分经济活动之外，还可以通过多种管制、税收和补贴等方式按照自己的意愿改变私人部门的行为。通常情况下，公共部门的效率要低于私人部门，然而从事管理活动的公共部门的管理效率却难以直接衡量，不过可以通过一些指标来间接衡量。例如1992年以来，尤其是美国电子政务实施之后，政府的雇员数量迅速下降至相当于20世纪60年代初的水平，与此同时，美国提供的政府服务与服务对象的数量却大幅度增加了，由此可以说明美国政府管理效率有较大幅度的提高。20世纪80年代以来，对私人部门放松管制和政府公共服务市场化成为趋势，这反映了社会对政府作用的重新思考。要达到公共部门与私人部门之间的平衡，消减市场失灵和政府失灵的不利影响需要从以下三个方面入手。

（1）放松管制

所谓放松管制，是指减少政府在经济活动，特别是私人部门经济活动中的作用。例如，西方国家政府不再管制航空、电信产业的价格，政府对银行、电力、广播、邮政等产业都进行了重大改革，大幅放松了管制，引入了竞争机制，有效提高了服务质量，并降低了收费水平，同时也促进了技术进步。中国在改革开放之后开始逐步放松管制，例如我国电信产业由1994年之前的中国电信"一家独大"，到1994—2000年的电信、联通"双巨头称雄"，再到2000年之后的多企业竞争，放松管制不仅提高了企业效率、增加了市场需求，同时也为电子政务基础设施建设起到了积极的推动作用，还推动了一批新型信息类企业的产生和发展，为电子政务建设以及政府管理信息系统的购买和使用，信息共享平台、政府信息化建设外包等都打下了坚实的基础。

(2) 私有化

私有化浪潮起源于 20 世纪 70 年代的欧洲，各国政府随后纷纷启动公共部门的改革项目使得私有化席卷全球。欧洲的私有化活动浪潮于 2000 年到达顶峰，成千上万奄奄一息的国有企业，如电话、铁路、航空和公共事业等都开始实行私有化。苏联、印度、拉丁美洲的一些国家也纷纷向低效、亏损的公共部门控制的企业下手，变公共部门控制的企业为私人部门控制的企业。我国自 20 世纪 90 年代中期以来，私有化进程逐步加快，从企业效率来看，私有化带来了众多积极的变化。一个显著的变化是，改革激发了公共部门控制的企业的活力，同时鼓励建立和壮大私人部门控制的企业。这使得我国得以发展起一大批以华为、中兴为代表的私人部门控制的信息企业，助力电子政务建设。

(3) 政府服务市场化

政府服务市场化，是指将原来由政府部门承担的一部分公共服务职能转移给私人部门。为了避免政府自然垄断下提供服务的低效率和低质量，各级政府在利用电子政务提供公共服务时需要引入竞争机制，鼓励和促进社会资金的进入，这样不仅可以缓解政府的财政压力，还可以提高服务的质量和水平。

所有改革的目的就是在公共产品和公共服务的生产和供给过程中发挥公共部门和私人部门的长处和优势，避免市场失灵和政府失灵带来的不利影响。

4. 政府项目的社会成本—收益分析

与企业项目类似，政府项目的评估也需要经过社会成本—收益分析这样的基本程序。社会成本—收益分析有助于促使政府树立绩效意识，转变治理观念，同时由于政府机构不同于企业等机构，它是公共服务和物品的提供者，在提供服务中产生的费用、成本，归根结底是来自社会纳税人的税款，运用成本—收益理念也有助于降低公众的负担，有助于树立政府的良好形象。

但是，对政府项目进行的社会成本—收益分析与对企业项目进行的私人成本—收益分析是有两大不同点的。

第一，企业通常关注一个项目的盈利情况，侧重考虑影响其盈利能力的因素，而政府往往关心项目更广泛的结果。例如，加拿大政府一直致力于确保所有的加拿大人都能享受到政府的电子政务服务，包括确保一些有先天上网障碍的人士，比如身体上、视觉上或者听觉上有障碍的人，使他们得以上网以及获取政府信息和服务。

第二，企业是用市场价格评估投入的支出和产出的收入，但政府常常无法使用市场价格评估项目。原因有：①公共产品的产出和投入由于不具有竞争性和排他性，经常不在市场上销售，那么它的市场价格是不存在的。例如先天上网障碍的人士通过政府网站获取政府信息和服务的价格并不存在。②存在市场失灵时，市场价格不代表项目的真实边际社会成本或收益。

公共经济学是在西方发展起来的，是专门研究政府经济行为、政府与私人部门之间的经济关系和政府经济活动特殊规律性的科学。财政学与税收学是公共经济学的起点。政府在市场经济中的职能、作用范围、作用绩效，政府与市场的关系，政府的收入与支出，以及如何行使政府的经济职能都是公共经济学的主要研究内容。其主要研究方法有规范分析法、比较分析法、实证分析法等。研究公共经济学有助于更好地理解市场经济条件下中央和地方政府的经济职能；有助于更好地处理政府、市场与企业之间的关系，规范市场经济秩序；有利于各项公共政策的制定和落实[9]。

总之，公共经济学作为一项专门研究政府经济行为规律的学科，在建设廉洁高效、公平与效率兼顾的政府的过程中起着举足轻重的指导作用。电子政务建设本身也涉及到诸多经济问题，尤其是政府需要大量经费投入以生产和供给基于网络的公共产品和公共服务，因此，公共经济理论对电子政务研究具有非常重要的指导和借鉴意义。

第3节
政府管理信息系统理论

从文明社会开始，人类就一直进行着信息的收集和处理工作，信息技术改变了人类传统的工作方式，促使人类开始逐步解决大规模信息以及知识的生产和处理问题。现代信息技术应用于社会的各个领域，推动了社会的深刻变革，而政府的工作流程、组织形态以及政府信息资源的生产和处理方式也随之发生了翻天覆地的变化。

一、信息资源及政府信息资源

1. 信息资源的概念

我国信息经济学的创始人乌家培认为，狭义的信息资源是指在人类社会经济活动中经过加工处理而有序化并大量积累起来的有用信息的集合。这一定义包含三个要素：首先，必须是在人类社会经济活动中产生的或对人类社会经济活动起作用的信息。例如，小林在试用某支签字笔的时候在纸上写了几个无意义的文字，这些信息是无法归纳到信息资源中去的，因为这些信息不是在社会经济活动中产生的，也没有对社会经济活动起到作用，不能作为经济活动的生产要素而存在。其次，信息资源并不是单一的或是少量的信息，而是大量积累起来的有用信息的集合。这里强调的是信息资源具有类似物质资源、能量资源的特征，即它是一个总称，虽然数量较大但仍然具有稀缺性。最后，这些有用信息的集合并不是众多信息简单地堆叠在一起，而是经过了基本的加工处理，具有有序化特点，便于作为经济活动的生产要素使用。

2. 政府信息资源

政府的信息资源或者来源于政府部门内部，是政府在履行职能时内部产生、收集、处理、存储的；或者来源于政府外部，是政府在履行职能时外部组织、个人等产生、收集、处理、存储的。政府的信息资源影响政府的行为活动，相对于企业的信息资源来说，主要表现为，政府通常不会通过信息资源直接收益，而是获得巨大的间接收益。这些收益主要体现为：一是提高政府运作效率；二是为企业和公众了解和把握所处环境提供帮助，使企业和公众更好地参与竞争，更好地挖掘自身潜力。

二、现代信息技术在公共领域的应用

从某种角度看，电子政务是现代信息技术在公共领域应用的结果，公共领域对现代信息技术的应用在不同阶段有不同的侧重点。

1. 开始阶段

20世纪80年代初，政府运用现代信息技术的重点是购买信息处理设备，如计算机、打印机等，目的是把公务员从事务性工作中解放出来，同时提高公务员处理公务的效率。各国政府大都采用自上而下的办法并投入大量资金购置信息处理类和通信技术类等硬件设备。该阶段的主要问题是，基础设施无法满足工作需求以及各地区、部门之间的发展不平衡，因此在该阶段重要的是要制定规划和合理的管理框架，积极引入基本的信息技术设备，加快基础设施建设以及加强教育培训，提高公务员对工作效率与信息技术设备的关系的认识。

2. 发展阶段

20世纪90年代初，政府开始大量引入并使用软件技术，例如，数据库建设与共享管理；政府管理信息系统建设——办公系统、内外通信系统的开发与应用，专门业务系统（如"十二金工程"等）的发展，以及对行政人员进行政府管理信息系统的操作培训等。此时信息技术的影响逐步深化。该阶段反映出的主要是系统的实用性问题，因此该阶段在政府管理信息系统建设的同时，应配合政府体制机制的改革，使得政府逐步实现管理精细化、决策科学化。

3. 成熟阶段

OA、管理信息系统不被称为电子政务，而基于互联网的政务应用被称为电子政务，主要是因为互联网带来的电子政务应用极大地影响了政务工作的模式，创造了前所未有的政府工作形态，为现代政府的社会服务职能重组提供了前所未有的机会，一旦政府普遍联网，经济社会各领域都将发生深刻的变化。此阶段的主要问题是政府需要推动信息技术在政府职能的各个方面的应用，如大数据、云计算、空间定位技术、空间信息技术、地理信息技术等，同时也要重视基于网络的公共服务均等化和政府信息资源的深度开发及有效利用[10]。以大数据技术为例，在大数据技术问世并开始广泛应用之后，就在医疗、教育、国土安全和执法等方面发挥重要作用。例如，美国医疗保险和医疗补助服务中心在原有信息系统的基础上，引入了对可能存在的舞弊报销行为进行预测分析的功能，该功能可以有效提升该部门辨别高风险医疗保险用户欺诈、浪费和滥用行为的成功率，截至2015年5月，成功避免了高达1.15亿美元的医疗诈骗。

由此可以发现，借助于广泛实施的众多管理信息系统以及各种标准化的工作交流平台，可以改变政府工作人员传统的工作方式，为企业、公众提供高效高质的公共服务，并能够保证社会生产的平稳进行和经济的正常发展。

政府直接面向公众和企业所提供的普遍的在线服务，需要政府管理信息系统作为其强有力的支撑，而信息技术的引入也多是在更广泛的领域构建了新的政府管理信息系统或是在现有政府管理信息系统基础上增添了新的功能。因此，政府管理信息系统是电子政务建设的基础，了解其运行情况并对其发展进行研究具有重要的意义[11]。

三、管理信息系统的发展过程

尽管从 20 世纪 60 年代开始，计算机逐步在大企业中得到推广应用，美国经营管理协会及其事业部就提出了建立管理信息系统的设想，但由于当时落后的软硬件水平和开发方法，在 20 世纪 60 年代中期，人们仅能实现定期将事务性数据送入机房进行集中处理，而计算机则作为计算工具部分地代替手工劳动，它只能进行一些简单的单项事务的数据处理，管理信息系统的开发结果并不令人满意。

在此之后，许多学者从不同的角度对管理信息系统的概念、体系及其开发方法进行研究思考，并随着技术的发展不断进行演化。1970 年，美国管理学家瓦尔特·肯尼万从功能角度对管理信息系统进行定义，他认为通过管理信息系统，可以以书面或口头形式，在合适的时间向管理者、职员以及外界人员提供过去的、现在的有关组织内部及其环境的信息，并可以对未来的相关信息进行预测，以帮助他们进行决策。1970 年代中期，软件科学家将带终端的联机系统和较大容量的外存储器（磁盘）作为硬件支撑，将数据存储性能更加完善的数据库管理系统作为软件支撑，开发出具有文件组织功能的数据管理系统，管理信息系统的发展逐渐成熟。

管理信息系统将数据高度集中，把组织中的数据和信息集中处理，统一利用。从 20 世纪 80 年代开始，信息技术的逐步普及使得企业所处的环境发生了较大的变化。管理者发现虽然管理信息系统能够提供大量的数据和信息，但这些数据和信息通常并不是管理人员所需要的，尤其是对组织中的中上层管理者而言，这种情况尤为明显，故决策支持系统应运而生。

1985 年，美国明尼苏达大学教授高登·戴维斯从信息系统的组成及功能上定义了管理信息系统。他认为管理信息系统是一个利用计算机硬件和软件，手工作业，分析、计划、控制和决策的模型以及数据库的用户——机器系统。它能提供信息，支持企业或组织的运行、管理和决策功能。由此定义可以看出，决策支持系统是管理信息系统发展的新阶段，它不仅可以提供有用的信息，并将数据库处理和企业管理模型的优点综合起来，而且具备辅助决策和预测功能的管理信息系统[12]。

20世纪90年代开始，政府和企业开始普遍应用管理信息系统，并得到了积极的反馈。1992年，美国学者Delone和Mclean通过对过去信息系统测量的梳理，从六个角度——系统质量、信息质量、系统运用、用户满意度、个人影响和组织影响，分析了成功的信息系统对组织的影响。他们在2003年又在此基础上增加了一个维度——服务质量。

管理信息系统发展到现在，已经成为政府和企业的基础应用设施，几乎涉及所有的业务流程。美国纽约大学斯特恩商学院信息系统教授肯尼斯 C. 劳顿和信息系统领域管理顾问简 P. 劳顿从技术上和功能上对管理信息系统进行了定义。他们认为管理信息系统在技术上可以定义为相互连接的部件的集合，它可以进行信息的收集、处理、存储和分发，以支持一个组织的决策和控制，在功能上除了决策、协调和控制，还可帮助管理者分析问题和创造新产品。

从管理信息系统本身来看，从最初的电子数据处理，到专用的管理信息系统软件，再到综合的应急管理系统，以及系统对空间信息技术、云计算和物联网等新兴技术的应用，可以看出，政府对信息资源的处理已从最初简单的事务处理成长为复杂的互联互通，信息资源的载体及处理方式变得多样化，系统功能更加复杂化，功能覆盖面也更加广泛；从管理信息系统对组织的影响来看，信息系统的实际运用逐步从最初主要针对操作层，逐渐过渡到面向战术层，并开始辅助战略层；从管理信息系统对组织的作用效果来看，其效果主要集中在信息交流共享、控制、合作、成本和效率等方面。

四、政府管理信息系统

1. 政府管理信息系统与企业管理信息系统的异同

政府管理信息系统与企业管理信息系统的共同之处体现在以下三个方面。

（1）整体性

政府管理信息系统和企业管理信息系统都是自上而下进行各层级全面管理的综合系统，不仅要求在系统构架、功能和内容上体现出整体性，还要求在使用者、流程、数据与软硬件上体现出完整性，这样做的意义在于，可以使系统不仅支持操作层次的信息使用和处理，还能产生更高层次的决策支持信息。在管理信息系统中，使用者是最关键的要素，他们既是系统的使用者，同时也是系统的组成部分，系统是否先进、使用是否正确、既定目标能否达成，最终都由使用者的操作效果来体现。因此，对系统进行整体性分析的时候，不可忽略使用者的效率、效果与满意度等因素。

（2）提供辅助管理和决策支持

政府管理信息系统与企业管理信息系统都是面向组织中各级管理层，具备与该部门相适应的管理思想、方式和流程，向系统使用者提供决策支持的信息系统。使用者借助该系统来辅助人工管理，及时获得有用的信息，并且制作信息分析报告为管理者提供决策支持。值得注意的是，这些管理信息系统只能为某些问题提供相对全面、及时的信息或备选方案来辅助管理者的决策，最终决策的制定只能由人来完成。

（3）多学科交叉使用

政府管理信息系统与企业管理信息系统涉及管理学、经济学、政治学、社会学、计算机、电子信息和数学等多门学科，其中计算机和电子信息是这些管理信息系统的骨架支撑，它为开发与实现管理信息系统提供了技术基础，并伴随科技的发展不断引入新的信息技术，使得系统越加智能化并且可覆盖的管理层面和范围越加广泛；管理学、政治学和社会学是管理信息系统的目标和血肉，为开发管理信息系统指明目标并提供较为科学的管理限制；数学和经济学是其约束，它们贯穿管理信息系统开发和使用过程的始终，使得系统充分利用信息资源并且充分考虑收益[13]。

政府管理信息系统由于适用对象、信息资源、环境等都有别于企业管理信息系统，因此其结构、目标、功能等也与企业管理信息系统有较大不同，主要包括以下四个方面。

（1）政府管理信息系统看中的目标和结果更为广泛

政府管理信息系统同样强调降低行政成本，提高运行效率，但是其主要目标与企业管理信息系统有较大不同。政府管理信息系统并不是以盈利收益为导向，而是侧重更为广泛的结果，如确保服务的公正和公平、调节竞争、维护社会安全等。因此，在系统构建时，为了方便系统使用人员的操作，管理者不光要考虑政府本身的行政流程，更需要考虑政府责任，要将行政流程与服务对象的特点和需求相结合，以服务而不是以管理为导向。

(2) 政府管理信息系统的功能面向公共管理

企业管理信息系统的构造与实施通常围绕企业生产，其功能面向具体行业的业务。政府管理信息系统属于电子政务基础设施建设的一部分，是政府各组织层次和行政领域都普遍实施的基础项目。因此，政府管理信息系统目前的主要功能包括：作为主要的操作平台确保政府行政流程的正常运行；确保不同部门间的协同合作和信息共享；利用系统的监督、决策支持等功能辅助调节竞争，保护安全，维护公众正当权益，确保公正、公平和平等。

(3) 政府管理信息系统的安全性要求更高

政府的信息资源有别于企业的信息资源，涉及范围广，资源量大，具有较高的权威性和准确性，因此对政府信息资源进行收集、整合、分析和应用的政府管理信息系统必须将其服务和应用与安全性、保密性和正当利益等相结合，在设计和构建系统时，更加严谨地设定信息使用权限和共享权限，从技术和管理两个方面充分考虑各种风险，以备份、加密、防火墙、使用和开发具有自主知识产权的信息安全技术和产品、网络监控等多种方式应对物理安全风险、链路安全风险、网络安全风险、系统安全风险和应用安全风险等，其系统安全性的要求应远高于企业。

(4) 政府管理信息系统的发展进程相对较慢

市场的竞争环境以及利益的推动使得企业管理信息系统总是能及时地吸收软硬件技术发展的最新成果，并同时推动相关技术的发展。而政府管理信息系统提供的服务不具有竞争性和排他性导致了系统的供给方——政府缺乏供给动力，与企业管理信息系统相比发展进程较缓。因此，不管是政府管理信息系统的创建，还是针对现有政府管理信息系统的技术改进，作为市场推动力的补充，管理者的重视和支持是系统应用水平不断提高的根本保证。政府管理信息系统的使用对象为公务员，人员培训是系统筹建和运行的关键。在政府管理信息系统的筹建和使用过程中，管理者应有针对性地对系统使用者进行数据输入、后台管理等方面的专项培训，以推进政府管理信息系统的发展进程。

2. 政府管理信息系统的构建

(1) 政府管理信息系统的设计思想

①参照政府现有的其他管理信息系统以及国家发布的系统标准，确定管

理信息系统的网络架构模型和网络互联标准,以确保系统的实用性和开放性。

②根据需求分析对信息系统的各个子系统进行分布建设,并决定系统的软硬件规格。

③根据设计的逻辑模型技术方案,构造新系统的物理模型,即对数据、文字、图表、算法等进行对象化定义,建立系统的血肉,并将各个组件进行整合集成。

④从系统的规划开始持续关注新系统在安全性、保密性和可靠性方面的需求,这是不可退让、不可牺牲的要素。

⑤对新系统进行单元测试、集成测试和压力测试,并详细记录测试结果,尤其是针对较为复杂的管理信息系统,必须充分测试。

政府管理信息系统通常不是独立的,不同层级、不同部门的管理信息系统可能需要互通互联、协同共享,因此在系统设计时要注重标准互联的思想。此外,管理信息系统的功能、处理信息资源的范围、所处环境等随着时间的推移和技术的发展可能会发生较大变化,而一发生变化就更换系统则代价高昂,难以实现。因此在设计新的管理信息系统时,要设计开放式的系统构架,这可以使得系统便于吸收利用先进技术,或是增添、修改功能,保证系统的实用性和先进性[14]。

(2) 构建政府管理信息系统应处理的关系

①要处理好政府管理基础流程和管理信息化的关系。构建政府管理信息系统要积极改变传统管理思维方式,以健全的规章制度和规范化流程来响应新的管理信息系统,进而改变传统管理模式。

②要处理好现今功能与长远规划之间的关系,使系统便于引进新的技术或功能,适应变化。

③要处理好系统规划设计与系统实施间的关系,确保系统使用者始终参与到系统开发与实施过程当中,以便及时发现问题,提出需求。

④要处理好新旧系统转换的关系。可选用试点安装或是分期安装的方式,即使新的系统出现问题,也会被限制在有限的范围内,这样可以降低组织受损程度,也可以给问题修复提供缓冲时间。

⑤要处理好系统使用者与新系统之间的关系。管理者应鼓励操作者使用新系统,组织多次培训来降低操作者对新系统的抗拒感和陌生感[15]。

管理信息系统是一个由人、计算机等组成的，能进行信息的收集、传递、加工、储存、维护和使用的系统，且随着计算机技术、通信技术等现代科学技术的发展而不断更新。管理信息系统发展至今，在政府和企业得到了广泛的应用，几乎涉及所有的业务流程[16]。电子政务事实上是一个庞大的、复杂的管理信息系统，电子政务研究无疑需要政府管理信息系统理论的指导。

参考文献

[1] 范柏乃，陈玉龙，赵晓华. 基层政府效能建设的理论、方法与路径：以楚门镇效能革命为例［M］. 杭州：浙江大学出版社，2015：25.

[2] 唐兴霖，尹文嘉. 从新公共管理到后新公共管理：20世纪70年代以来西方公共管理前沿理论述评［J］. 社会科学战线，2011（2）：178-183.

[3] 登哈特 J V，登哈特 R B. 新公共服务：服务，而不是掌舵［M］. 丁煌，译. 北京：中国人民大学出版社，2004：32-118.

[4] 斯密. 国富论［M］. 戴光年，编译. 北京：中国纺织出版社，2012：270-272.

[5] 穆勒. 政治经济学原理：下［M］. 金镝，金熠，译. 北京：华夏出版社，2009：831.

[6] 王志伟. 西方经济思想史［M］. 大连：东北财经大学出版社. 2013：167-168.

[7] 戴维森. 凯恩斯［M］. 张军，译. 北京：华夏出版社，2009：23-31.

[8] 马骁，冯俏彬. 现状与未来：国内外公共经济学研究评述［J］. 经济研究参考，2009（60）：41-45.

[9] 斯蒂格利茨. 公共部门经济学：第3版［M］. 郭庆旺，杨志勇，刘晓路，等，译. 北京：中国人民大学出版社，2005.

[10] 易明，邓卫华. 点击流信息资源研究［J］. 中国图书馆学报，2006，32（2）：73.

[11] 周民. 电子政务发展前沿：2015［M］. 北京：中国经济出版社，2015：47.

[12] 廖燕，曹建安. 企业内部绩效评价信息系统特征与结构研究［J］. 情报杂志，2006，25（9）：43-35.

[13] 陈倩. 融入 KM 的企业神经系统的实现［J］. 情报科学，2005，23（10）：1530.

[14] DeLONG W H，MCLEAN E R. Information system success：the quest for the dependent variable［J］. Information system research，1992，3（1）：60-95.

[15] DeLONG W H，MCLEANG E R. The delone and mclean model of information systems success：A ten-year update［J］. Journal of management information systems，2003，19（4）：9-30.

[16] 劳顿 K C，劳顿 J P. 管理信息系统：原书第11版［M］. 薛华成，编译. 北京：机械工业出版社，2011.

第3章

■ 国外电子政务研究阶段及特点

本章导读

国外的社会发展阶段与我国不同,在电子政务实践和研究探索方面也与我国存在着一定的差异,但是各国电子政务建设的宗旨基本一致,即"以公众为中心",利用网络为企业和公众提供各种公共服务。

从总体上来看,近十几年来国外电子政务研究主要集中于三大主题:电子政务建设管理、信息技术在公共领域的应用、电子政务用户服务。

第1节
国外电子政务研究阶段

由于各国电子政务建设的宗旨基本一致,所以中外电子政务研究可以相互借鉴。梳理国外电子政务研究情况,深入剖析国外电子政务研究内容及特点,对推动我国电子政务理论及实践的研究具有重要意义。

对国外电子政务文献的内容进行分析,可以获知国外电子政务研究热点的走向以及研究前沿。

孙宇、高敏和石永玮选取 Web of Science(以下简称 WOS)数据库和 CNKI(National Knowledge Infrastructure,中国知网)数据库的文献,采用 CiteSpace 软件对比分析了 2002—2014 年间中外电子政务的研究热点及其变化脉络,通过分析外文文献的共词网络图谱,获知了国外电子政务研究的四大主题:数字治理研究、模型架构研究、信息技术及信息安全研究、政府门户网站研究。[1]

程赛琰等人利用 WOS 数据库,采用 CiteSpaceII 软件探讨研究了 2000—2012 年国外电子政务研究的主要内容及发展趋势,通过对聚类的文本信息以及文献进行阅读分析,将电子政务研究的主要内容分为五类:电子政务的实现、电子政务的评估、电子政务的用户研究、电子信息资源保存研究、电子政务的标准及规范研究。电子政务研究的前沿问题主要集中在对电子政务应用状况的评价、现有规范化模型的评价以及用户满意度的评价等方面。[2]

《基于知识图谱的近 10 年国际电子政务研究进展分析》选取 WOS 数据库的文献作为数据来源,并设定文献类型为"期刊论文和会议论文",采用 CiteSpaceII 软件对 2002—2011 年高频关键词汇进行聚类分析以及相关文献的研究,发现国际电子政务的研究热点大体可以分为三个维度:实施管理、技术应用、用户服务。其中用户服务维度可能成为今后的主要研究发展趋势。[3]

王炳立采取文献计量学与知识图谱方法,利用 WOS 数据库和 CiteSpaceII 软件对 2003—2012 年国际电子政务研究的外部特征以及主题研究进展进行分析,发现国外学者主要围绕电子政务系统的构建、电子政务的评估、面向用户的服务进行研究。[4]

宋艳秋和洪文峰采取科学计量学方法,以 WOS 数据库为数据采集的来源，运用可视化软件 CiteSpaceIII 对 2005—2015 年国外电子政务研究热点及变化脉络进行分析，经过关键字整合分析，发现国外电子政务研究热点领域大体可分为三个维度：实施管理、技术应用、用户服务。[5]

颜海、李有仙和赵跃以 *Government Information Quarterly*，*Electronic Journal of E-government*（《电子政务》）和 *International Journal of Electronic Government Research*（《国际电子政务》）三种外文期刊 2010—2014 年刊载的学术论文为研究对象，通过对所有关键词词频统计归纳出这五年电子政务四大热点研究主题，分别是政府透明度研究、电子民主研究、电子政务技术基础研究、电子政务用户研究，并推测出公众参与、数据开放会成为未来几年研究的热点话题。[6]

董伟和贾东琴以 WOS 数据库为数据样本来源，采用共词分析、因子分析以及多维尺度分析等方法对国外 2006—2010 年电子政务的研究热点进行分析得出三大研究主题：电子政务用户相关研究、电子政务建设实施管理研究、电子政务相关技术方法的应用研究。[7]

张璇等人以 2000—2011 年 WOS 数据库收录的国际电子政务研究文献为样本，采用共被引分析、引文分析、共词分析等方法，利用 CiteSpace 和 VOSviewer 绘制知识图谱并提取关键词，经过分析、研究、总结得到国际电子政务研究热点主要分为三大主题：电子政务技术应用创新研究、电子政务管理实践研究、电子政务用户服务研究。[8]

总体来看，近十几年来国外电子政务研究主要集中于三大主题：电子政务建设管理、信息技术在公共领域的应用、电子政务用户服务。根据国外电子政务研究的热点，以及电子政务发展情况等，我们可以将国外电子政务研究划分为两个阶段：起步阶段和快速发展阶段。

一、国外电子政务研究的起步阶段（2000—2005 年）

随着个人计算机在公共管理部门的应用和普及，一些发达国家开始积极寻求利用信息技术来提高政府运作效率和增强政府内部沟通，但这一时期主要关注的是公共部门内部的自我管理。部分学者开始探讨信息技术对当地政府的影响，及其是在公共部门具体应用的效果。

随着信息化建设的发展，在大型 IT 供应商的帮助下，政府逐渐意识到要通过技术促进政府管理变革，政府的政策制定者开始重点关注 ICT 的应用，政府机构也开始着手建立自己的门户网站，逐步实现政府管理职能的电子化、自动化、无纸化。如 1999 年,新加坡建立"电子公众中心"站点,现在其已经可以为公众提供几乎所有与日常办事相关的电子政务服务;2000 年,美国政府开通了"第一政府"网站,日本正式启动"E-government 工程",以实现政府部门全部用计算机系统处理各种行政事务以及通过互联网系统办理各种申请、申报、审批手续,实现办公电子化;2001 年英国试运行门户网站"UKOnline",2004 年又将其改为"直接政府(Directgov)"网站,并把数千个政府部门网站按公众的需求组织及链接起来。

在这一阶段,很多国外学者开始关注电子政务建设管理方面,其研究内容主要包括以下四个方面。

1. 电子政务建设对政府管理的影响

各级政府机构将信息通信技术应用到政府管理中,促进了电子政务的产生和发展。部分学者开始研究政府实施电子政务的情况,指出电子政务既可以促进政府组织机构的优化,提高政府管理的效率,又可以提高公众对政府服务的信任度。各国根据本国本地政府情况,适当地实施电子政务,可以改善现有的政府服务,加强问责制,提高服务的准确率和办事效率,减少行政费用和花在重复性任务上的时间,提高政府行政的透明度;并且由于互联网具备全天候可用性,政府可以提供更多的访问服务;电子政务的实施还具有减少政府内部腐败的潜力。

国外学者主要探讨了电子政务的开展及实施对政府职能、政府管理方式、政府行政决策等产生的影响和作用,以及政府实施电子政务的必要性,电子政务是否能够提高政府处理行政事务的效率、是否能够提高用户服务满意度等。全面研究电子政务在政府部门的开展及应用对政府管理的影响,可以帮助政府部门更加清晰地认识到电子政务的实施到底会给政府管理方式带来怎样的机遇,以便政府有针对性地、有目标性地、有计划性地实施相关改革与创新,提高管理能力,建立以"客户为中心"的管理模式,转变角色,改善与公众的关系,实现组织机构和工作流程的优化和重组等。

国外研究者多采用问卷调查、案例分析等方法研究电子政务的实施对政府管理的影响。Laskowshi 使用问卷调查方法从专家和用户角度评估了电子访问政府信息的方式,第一次调查旨在确定政府文件工作人员对以电子方式获取政府信息的程度和意见,第二次调查旨在洞察用户对以电子方式访问和查询政府信息的态度。[9]

文章"E-government Evaluation: A Framework and Case Study"提出了一个灵活的适应性框架,可用以衡量实施电子政务有形和无形的效益。该文章作者将此框架应用于印度新德里市政公司(New Delhi Municipal Corporation,简称NDMC)的案例分析,结果表明,只有当被研究的对象已经有成熟的运作模式和配套的信息系统时,才能对其电子政务有形和无形的效益进行正确评价。但是由于印度的所有电子政务项目仍处于初期阶段,因此其电子政务有形和无形的效益均无法得到充分评价及确定。[10]

Steyaert为了解答"联邦和州机构可以使用市场营销模式来改善电子政务服务的内容和价值吗"这个问题,对美国国家卫生研究院、美国铸币局、美国国税局、美国邮政局、加利福尼亚电子政务系统、新泽西电子政务系统的电子政务服务计划,从消费者意识、人气、访问效率、转变(指客户满意度、交易及访问网站时间)、保留(指客户忠诚度)的角度采用营销模型来组织和评估分析。该学者的案例分析展示了如何将统计方法和调查数据结合起来,对电子政务服务进行可靠的评估。[11]

West评估了2001—2003年电子政务对服务提供、民主响应、公众态度的影响,分析了电子政务的内容,以此调查管理者是否需要利用互联网的特征来改善服务提供、民主响应、公共态度。该学者认为,在某些方面,电子政务的改革并没有改变服务提供情况和公众对政府的信任程度,但是,它确实有可能增强民主响应能力和政府的有效性。[12]

Wong和Welch针对电子政务是否能促进一个更加透明、互动、开放、负责的政府的形成这一问题,对14个国家的网站的开放性和责任性进行了实证研究。[13]

2. 电子政务的管理方法和理念

国外很多学者指出,电子政务提高了政府服务的质量,节约了政府管理成本,扩大了公众的政治参与度,以及提供了更有效的政策和计划等。为了提高电子政务的工作效率,增加政府信息和服务的可获取性和便利性,确保政府、各个组织机构以及公众利用电子政务服务的便利性和安全性,学者们特别重视电子政务的管理方法和理念。

国外学者主要从实证的角度探讨电子政务的管理方法和理念,即运用问卷调查方法或结合具体的案例对相关问题进行分析。Thompson分析过一个具体的案例:一个日本农村乡镇的地方官员通过使用互联网服务获得了"在线居民"的支持。他通过对案例的分析展示了在农村建立一个成功的电子政务框架的基本原理，为以后电子政务的开发提供了更清晰的方向，帮助政府向用户提供更高效、更快速、更新的服务。[14]

Riguelme 和 Buranasantikul 从公民请求的响应情况、易用性、公开的范围、隐私和安全等角度对澳大利亚电子政务网站的一些代表性样本进行了调查。研究表明，澳大利亚电子政务门户网站缺乏以用户为中心的导向，即设计网站服务时缺少对用户需求的全面考虑，只有一小部分网站提供了其他替代语言，且绝大多数网站并没有对公众的电子邮件做出回应。另外，研究还发现96％的被调查网站上发布了明确的隐私政策，62％的网站针对安全方面提出了清晰的声明，以确保公众关注到安全问题。对澳大利亚电子政务网站的调查分析，可以帮助澳大利亚政府机构更好地完善门户网站，明确服务原则和内容，为公众提供各种各样的服务以及提高办事效率。[15]

Carter 和 Belanger 将 TAM（Technology Acceptance Model，技术接受模型）、创新扩散理论、TOI（Trust of the Internet，网络信任）模型结合起来，构建了一个影响公众采纳电子政务倡议的简单且全面的因素模型。该研究通过广泛调查社区中的公众，并对调查结果进行分析，发现易用性、兼容性、可信度是公众使用电子政务服务的重要因素。[16]

文章"Accessing E-government：Challenges for Citizens and Organizations"探讨了澳大利亚一些公众未连接到在线政府服务的经验教训，即需要更加关注基于社区的人力资本的开发，并给出了一个成功地培养了社区群众的兴趣以及通过网络技术进行交互和交流的热情和能力的例子，从而有助于提高电子政务的效率和改善其服务。[17]

3. 电子政务建设和发展的影响因素

对影响电子政务建设和发展的因素进行分析，有助于政府更好地开展电子政务建设。在电子政务研究的起步阶段，发达国家政府大部分开始了电子政务建设，向公众提供信息服务和办事服务。在这一阶段，国外学者重点探讨了民主化水平、人力资源、政策、安全、过程建模和过程重组等几个关键影响因素。比如，电子政务建设初期，政府网站因存在较多的漏洞，时常受到黑客等不法分子的攻击，安全被公认为电子政务建设成功与否的重要的判断因素之一。在这种环境下，如何使用户相信政府门户网站的安全性和完整性，保证政府门户网站的安全，是电子政务建设必须考虑的问题。通过对电子政务建设和发展的影响因素进行分析和研究，可以为政府的电子政务建设项目提供对策和建议，为后续电子政务建设做好准备，并且提高后续建设项目的成功率。

国外在这方面的研究也较多采用实证研究法，即通过某个国家或者地方政府具体的案例来分析影响电子政务实施和发展的因素。Cresswell 和 Pardo 讨论了在城市背景下，法律和组织融合问题对电子政务项目开发和建设的影响，并用两个具体的案例说明了在城市环境下，实施电子政务的政府面临的挑战以及计划开展电子政务的政府所面临的困难。[18]

Sharifi 和 Manian 使用 Delphi 来确定电子政务建设项目成功的关键因素，具体为：①找一批专家来参与电子政务建设项目，并要求他们分别提供一份关键因素清单；②请专家们研究这些因素，补充漏掉的因素同时删掉不必要的因素；③将重复因素合并，并添加到旧列表中；④整理上述内容后，给出新的因素列表，请专家们整合并给出他们的意见；⑤一直重复这个过程，直到专家们不再增添或删除任何因素；⑥具体研究者与这些专家会面并做最后的讨论。通过这样一个反复交流的过程，研究者选定研究的最终因素。[19]

Moon 利用城市管理协会和公共技术公司对电子政务调查获得的数据，研究了市政电子政务建设的现状、评估了其使用效果，并试图找出实施电子政务应考虑的重要因素，提出了市政府实施电子政务的一些意见。Moon 通过对政府调查研究，发现许多市政府还处于电子政务建设的第一阶段或第二阶段，即只是利用门户网站简单地发布和传播政府信息，缺乏在网上搭建的公众和企业与政府沟通的双向通信渠道，特别是用于公共服务请求的渠道。研究还表明，政府规模和类型是各级政府电子政务建设最重要的制约因素，较大型的政府可能更能促进电子政务的建设和应用，并且能制定电子政务建设发展战略。同时，研究还发现，技术缺乏、人员匮乏、财务资源不足成为许多城市发展电子政务的主要障碍。[20]

文章"E-government Success Factors"对德国北部的明斯特地区进行了一项实证研究，通过收集来自地方市政当局的 56 项内部数据和 70 项外部数据，围绕着"电子政务建设的成功因素是什么？哪些因素不是来自国家特定的因素？"等问题进行了分析。研究认为，城市政府除了在电子政务建设中存在着金融技术、人才和隐私保护等影响因素，城市规模、城市管理水平也会影响电子政务建设。[21]

Ho 和 Ni 分析了影响电子政务建设的决定因素，提出了一种创新模型，将政府组织内部因素和外部因素集合起来,并根据经验测试这些因素如何影响美国艾奥瓦州财政部门建设门户网站和其他电子政务项目的决定。研究结果表明,建设门户网站和其他电子政务项目的影响因素是不同的,但都受员工抵制的影响;政府成功实施电子政务的关键在于地方政府管理领导和政治的支持。[22]

Moon 和 Norris 探讨了市政府管理创新对电子政务建设的影响,以及电子政务建设与其效果之间的关系。针对这些问题,他们提出了一种探索性模型:模型的第一部分展示了如何通过管理创新、政府能力、制度特征(如城市规模和政府类型等)来决定电子政务建设;第二部分展示了电子政务建设效果是怎样与电子政务的实施、政府能力、制度特征相联系的。他们通过对美国市政改革和电子政务两种不同数据的调查和研究发现,管理创新和城市规模是电子政务建设的两个决定性因素。[23]

4. 电子政务相关技术和方法的应用

互联网技术越来越多地应用于政务活动中,加快了公共服务网络化步伐,推动了政府职能的转变和创新。信息技术,特别是网络技术使政府能够更快速、更有效、更少成本地为公众提供各种各样的服务。以互联网技术为代表的现代信息技术已经成为政府管理改革的强大推动力,电子政务将在未来的政府管理和公共服务中占据越来越重要的地位。

电子政务允许公众获得基本的信息服务和在线办事服务,以及参与政府的决策过程。在这一阶段,电子政务建设主要运用以互联网为代表的信息技术、Web 服务等帮助政府更好地实施电子政务。国外学者的研究也主要通过内容分析、案例分析、调查等方法探讨信息技术的应用。

Chen 和 Gant 探讨了利用应用服务提供商(ASPs),克服地方政府电子政务建设在熟练的 IT 人员短缺、财政资源有限以及 IT 基础设施和工作程序不足等方面的困难,以提高电子政务服务,帮助政府网站实现托管、设计和管理,并指出使用 ASP 的五个有利条件:强有力的管理支持、较大的效益增益、足够的 IT 能力识别关键技术、较简单的外包规则和程序、可以从当地选择各种高质量和可靠的应用服务提供商。[24]

Ho 通过对城市网站的内容分析和对 Web 开发人员的调查发现,很多城市已经开始采用"电子政务"这种新的范式,并且在 Web 设计中采用了"一站式购物"和以客户为导向的原则,强调开发过程中的外部协作和网络化，而不是只考虑技术本身的应用。[25]

Gamper 和 Augsten 指出，"数字政府"正成为国外学者积极研究的领域，它能够帮助改善政府、公众、企业之间的互动交流。并且，Gamper 和 Augsten 认为电子政务成功的关键是整合和分享不同政府部门提供的服务和信息，而 Web 服务正是解决这一问题的希望。[26]

Medjahed 等人设计并实现了一种名为网络数字政府（Web Digital Government）的基础设施，他们为了方便福利申请以及快速满足公众的需求，将应用程序包装在 Web 服务模块中。研究者们发现在电子政务中采用 Web 服务可以帮助政府机构提供增值服务，统一处理隐私问题，规范社会服务项目的描述、发现以及调用。该研究的核心是开发技术，其可以实现有效的电子政务服务访问，同时保护公众的隐私。[27]

二、国外电子政务研究的快速发展阶段（2006 年至今）

互联网已经逐渐发展成为一个界面友好、成本低廉的平台，大部分政府机构也已初步建立自己的门户网站，并据此向公众提供各种信息服务和在线办事服务。信息技术的不断进步以及经济水平的提升促使政府的政策制定者把电子政务建设的重心从信息技术的应用转向服务公众。从全球范围来看，2005 年之后是电子政务建设的快速发展期，也是电子政务研究的快速发展期。随着语义 Web 的提出以及新技术的层出不穷，一些学者们尝试将这些新技术应用到电子政务中，以改善电子政务体验，为公众带来更好的服务，比如探讨语义网、本体、ICT 在电子政务中的应用情况等。

1. 电子政务的技术创新

互联网、云计算、物联网、知识服务、智能服务的快速发展为个性化制造和服务创新提供了有力工具和环境。电子政务系统利用云计算能够为用户提供更多服务，如一站式网络平台服务和各种在线软件的使用；云计算还实现了电子政务系统中不同设备间的数据与应用共享，有效节约了社会资源。物联网用于电子政务能够让行政部门直接、快捷地掌握大量第一手材料信息，有力地支持正确决策，提高政府的决策水平。因此，随着这些新一代信息技术的发展，国外部分学者开始探讨采用云计算、物联网、本体等新技术、新模式，以更好更快地推动电子政务建设和发展，实现更可靠、更低成本的信息化。同时，技术创新也推动了电子政务管理创新。

随着互联网的快速发展以及信息化水平的不断提升,很多学者强调互联网对促进公共部门的互动性、透明度、公开性、问责制等方面的潜在价值。新技术层出不穷,如何把电子政务建设与新技术应用有机融合起来,与政府职能的转变、行政业务流程简化、内部资源整合、业务应用系统互联互通有机地结合起来,从而提高政府部门 OA 水平、提高政府内部效率、降低行政成本是很多学者重点研究的问题。在电子政务建设过程中,开发人员对技术的研究一直贯穿其中,并且试图通过运用新技术来转变政府职能,提高政府服务质量和服务水平。

2. 电子政务的用户服务

在用户服务方面,国外学者主要从各种理论模型入手并结合案例进行实践研究,或者进行相关调查分析研究,将定性和定量方法结合起来分析电子政务在公众服务方面的情况。随着各国电子政务逐渐发展成熟,各国的政策制定者确定了以公众为导向的服务宗旨,更加强调从公众视角出发进行电子政务建设。

(1) 公众的接受度和满意度

随着移动互联网的不断发展,越来越多的公众能够通过政府门户网站访问电子政务服务。公众使用这些服务是一个不断学习和接受的过程,网站服务所依赖的信息技术的有用性和易用性将直接影响到公众对其的接受程度,进而影响到公众对其服务的满意度。政府机构提供的电子政务服务对于提升用户与政府之间的沟通效率和维持用户与政府之间的关系至关重要。而各级政府机构电子政务建设的宗旨是以公众为中心,为其提供各种服务。因此,很多学者开始重点关注公众对于政府机构提供的电子政务服务的接受度和满意度。对公众接受度和满意度进行研究,可以帮助公共部门在设计与开发政府门户网站的过程中,重点考虑信息技术、信息环境、用户和服务内容之间的协调关系,特别是信息技术的选择是否真的能够适应公众的需求,被公众所接受,以此真正地构建一个能够满足用户需求、提升用户满意度的政府门户网站。

国外学者多采用问卷调查、访问、考察网站建设情况等方法探讨公众对政府提供的电子政务服务的接受度和满意度。即首先通过讨论确定几个能够影响公众态度的关键因素,然后以这些因素为基础设计调查问卷,选取使用政府电子政务服务的用户作为调查对象,对问卷结果进行分析以便确定这些因素是否影响到公众的接受度和满意度。

Venkatesh等人探讨了公共部门运用互联网技术提供各种服务后，公众对其提供自助服务的态度。他们提出了影响公众使用态度的四个关键因素，即感知可用性、计算机资源需求、提供技术支持、提供安全性。通过对2465名公众进行网络调查和联合实验，他们研究了公众对公共部门使用智能技术的态度和满意度。结果表明，提出的四个关键因素确实能够影响公众意图、后续使用情况以及满意度。[28]

Lin等人指出TAM已被广泛用于解释和预测用户对于信息技术的接受程度。他们研究了TAM和电子政务的实施是怎样对冈比亚政府产生积极影响的，并成功开发了一个冈比亚电子政务系统模型以帮助其更有效、更低成本地实行政府行动。他们在研究中设计了一份调查问卷，主要对使用电子政务系统提交申请或使用电子政务系统工作的公众进行调查研究。通过对问卷结果进行分析发现，TAM的核心因素（信息质量、感知易用性、感知有用性、使用态度和行为意图）对用户对于电子政务服务的态度有很强烈的影响，这就表示冈比亚政府可以考虑利用该项研究发现去设计和开发电子政务系统。[29]

（2）政府的透明度

政府透明度意味着要建立更加负责和有效的政府。治理透明化，通俗来讲是说公众知道公共部门在做什么、如何行动、为何要如此行动、以后要如何行动等。通过透明化治理，政府会增强自身的责任性和服务性，公众也可以更多地参与到政府治理中来，从而能够有效地提升公众对政府的信任和信心，控制和减少公共部门内部腐败，提升制度的民主本质。通常以下四种渠道被用来提高政府透明度：政府主动传播信息、政府开放数据、会议公开、鼓励公众检举政府的不当行为。

国外学者主要从其中两个视角研究政府透明度问题。一是利用Web 2.0等的时代机遇扩大沟通渠道，以促进政府开放，提升政府透明度和公众参与度。社交媒体的发展和流行为政府与公众进行交流互动提供了新的渠道，增强了公众参与政治的兴趣，扩大了公共事务参与者的数量和类型，改善了公共服务；信息通信技术也为各国提供了创造透明度和促进反腐败的新途径，通过ICT减少腐败、增强政府人员与公众之间的关系，监测和控制政府人员的违规和违法行为。二是通过开放政府数据提高政府的透明度，让公众可以利用政府掌握的数据,让数据的价值得到充分体现。提高政府透明度,有助于提升公众对其的信任。Web 2.0时代支持公众参与内容的创造,可以丰富社会的政治讨论,增加观点的多样性,使信息自由流动,言论更加自由。

国外学者主要从实证角度研究政府透明度问题,即研究相关技术的应用,并对具体国家或地方政府实施电子政务的情况进行案例分析,探讨政府透明度情况。Bertot等人通过对印度、巴基斯坦、菲律宾、智利、斐济、美国、韩国等国家的政府借助电子政务实施管理进行案例分析,认为ICT在促进政府开放、提高政府透明度以及减少腐败方面具有巨大的潜力,并且已经显现出成效。而且,电子政务能够作为提高政府开放和透明程度的有效工具,在节约管理成本方面起到积极作用,并且有效地管控政府内部腐败行为。[30]

Bonson等人分析了75个欧盟城市的网站和社交媒体平台,全面探讨了Web 2.0时代社交媒体工具在欧盟地方政府的应用情况,以确定当地政府是否正在运用这些技术工具来增加政府透明度和公众参与度,真正开启政府与公众的对话交流;同时,他们也试图确定哪些因素促进了这些工具在当地政府的应用水平。[31]

(3) 电子民主

随着互联网的普及,电子民主逐渐兴起。很多学者逐渐意识到互联网不仅能成为解决民主问题的新工具,而且能构建一种新的集结方式与不同寻常的政治制度,他们开始探讨以网络为媒介的民主。电子民主主要是指各种民主主体利用现代信息技术改进民主运作、增进民主参与、完善民主治理的过程。电子民主可以促进民主和参与式的治理,产生更具回应性和有效性的政府。电子政务在向公众提供政府信息、与公众互动等方面变得越来越重要,深入研究电子政务对民主进程的潜在影响也势在必行。尽管互联网在政府给公众提供信息方面提出了新的解决方案,但它也给审议式民主带来了新的和更严重的潜在障碍,比如网络群体对政治问题的群体分化等。因此,很多国外学者开始关注电子政务的产生和发展能否真正地促进民主,对电子民主的研究更多的转向扩大公众参与渠道、创新公众参与方式等内容。

国外学者主要通过对国家或地方政府的电子民主的活动、政策、参与等方面的研究,来探讨电子民主问题。Kim主要研究了参与式公共决策过程,并提出了一种组织支持系统框架,讨论了相关的问题。他将提出的框架用于巴西阿雷格里港的参与式预算经验进行案例分析,以此说明参与式公共决策的可行性。[32]

Saglie等人使用多元回归分析、双变量或多变量分析等统计学方法,对包含当地政治家和公众在内的挪威市政府电子参与进行了研究,探讨了市政规模大小对在线参与的影响。研究表明,对线下参与的预测也会影响线上参与率,但是互联网促进了更多年轻人参与到政治讨论中;在地方政治精英和公众之间仍普遍存在数字鸿沟。[33]

文章"Deliberative Manoeuvres in the Digital Darkness: E-Democracy Policy in the UK"评估了英国政府的电子民主政策,并探讨了从中吸取到的经验和教训,目的是更好地制定政策和执行政策。通过调查和评估在线论坛、开放政府数据、电子申请和"众包"倡议等英国关键领域的电子民主活动,文章提出尽管有一些成功的个例,但是这些努力的结果仍不尽如人意,各地区的政策制定并不一致,而且,地方政府并没有明确的利用互联网促进民主的战略,公众也没有借助互联网行使民主权利和审议公共政策的能力。[34]

（4）用户个性化

随着信息技术的发展,政府门户网站为公众提供的信息和服务越来越多,但是政府提供的信息和服务并不总是符合公众的需求,例如,在大多数政府门户网站中使用的关键字搜索引擎并不能很好地表达公众的需求。因此,如何通过政府门户网站为公众提供更好的服务仍是一个问题。为了提高政府门户网站的公众参与度,使政府更有效地与公众互动交流等,很多学者开始重点关注用户个性化行为,以期电子政务系统能够根据不同的用户实现不同的应对行为,也即,它能够识别用户,知道用户为什么做这件事情,以及猜测用户下一步会做什么。对用户个性化行为进行研究有助于电子政务系统针对个人情况提供个性化内容,以此来改善公众对政府门户网站的访问感受。用户个性化研究主要针对用户的需求和行为进行,国外学者更多关注弱势人群,如残疾人、老年人、儿童等的个性化服务,其研究内容大多侧重于策略性的研究。

用户个性化行为研究可以帮助电子政务系统根据每个用户的个人偏好,在与用户进行交互的过程中,从中获取用户的行为记录,并对其加以分析和处理,从而掌握用户的个性特征,并以此来为客户提供个性化信息服务和在线办事服务。由此,电子政务系统可以实现根据每个公众的不同需求,提供适合他们自身情况的信息和服务。国外学者一般根据各国或各级政府机构情况,借助一些有效、可行的案例分析,探讨用户个性化服务情况,并据此提出相应的方法或意见,实现个性化服务。

文章"Proactive and Reactive E-government Services Recommendation"提出了一种新的框架,即电子政务系统根据公众自身情况,为公众提供适当的内容和个性化服务,满足他们的需求,以保证其普遍获得政府服务以及提高公众参与度。文献中提出了两种电子政务个性化服务的新方法,即使用被动推荐和主动推荐两个不同的引擎。第一个引擎通过一组交互式问题和答案,根据公众的需求提供个性化服务;第二个引擎无任何请求,只是提供服务。该文作者们借用加拿大魁北克政府门户网站,使用一个具体的案例对文献中提出的新方法与之前的方法进行了对比分析,证明了此方法在提供个性化服务方面的可行性和有效性。[35]

(5)电子政务评估

电子政务建设越来越受到政府、企业和公众的重视和认可,各国已基本意识到,电子政务能够提高政府办公效率、降低办公成本、提高政府透明度、为公众提供各种信息服务和便捷的办事服务、提升公众参与度、增进公众与政府的交流互动,甚至有助于有效控制和减少政府内部腐败。但是,如果各国、各级政府在推行电子政务时只是提供信息和服务,没有实现其他的承诺,那么电子政务也会流于形式,并不能达到为公众服务的目的。因此,随着各国电子政务计划的推行,很多学者开始了电子政务评估方面的研究,以保证政府机构完成承诺,为公众和企业提供更好的在线公共服务,促进电子政务更好更快地发展。

国外研究者多采用问卷调查法,集中对各国电子政务发展水平、特定电子政务项目的有效性进行评估,具体包括电子政务实践评估、电子政务对政府管理影响评估、绩效评估、用户服务评估等方面。他们一般从服务水平、运行效益、公众参与度等角度对电子政务发展水平或电子政务项目进行评估。在使用问卷调查法进行评估时,研究者常结合专家的意见来设计问卷。

Karunasena 和 Deng 从公共服务的提供和公共组织的效率角度来确定评估斯里兰卡电子政务的公共价值的关键因素,在对相关文献的全面回顾的基础上,提出了一种概念框架,并运用从斯里兰卡收集到的数据,采用结构方程模型(Structural Equation Modeling,SEM)中的验证性因子分析方法,测试和验证该概念模型。研究发现,提供优质的信息和服务、提供以用户为导向的信息和服务、公共组织的效率和响应能力、公共组织对环境可持续性的贡献是评价斯里兰卡电子政务的公共价值的四个关键因素。[36]

Stefanovic 等人运用 SEM 收集了塞尔维亚电子政务系统部门的 154 位员工的调查问卷数据，对问卷数据进行分析，研究了电子政务系统的评估，验证了电子政务背景下 Delon 和 Mclean 模型的有效性。[37]

Sandoval-Almazan 和 Gil-Garcia 认为，尽管改变组织和体制框架很有必要，但是地方政府在现有框架下，通过门户网站实施电子政务的潜力也是不容忽视的，并指出最重要的是门户网站应具有更多的互动性、参与性及合作协同特征。研究者们主要描述了墨西哥当地电子政务门户网站的评估结果，并指出当地电子政务的公众参与度不高，且公众很少在电子政务门户网站设计与开发时试图增加网站的互动性、参与性以及协作性。因此，当地大部分的电子政务门户网站还停留在最初的为公众提供信息和服务的阶段。[38]

Valdes 等人认为，各个公共机构准备执行电子政务项目的方法是电子政务能否发展壮大的一个关键因素。他们提出了一个电子政务成熟度模型（E-government Maturity Model，eGov-MM）。此模型运用多维、整体和演化方法集成了对技术、组织、运营、人力资本能力方面的评估。该模型被成功应用到智利的 30 家公共机构中，第一次完成了对准备实施电子政务的方法的正规测量、评估和排名。[39]

（6）公众信任

尽管不同国家的电子政务建设在设定任务和目标方面存在很大的差异，但是它们都包含了电子政务建设最基本的共同价值，就是以公众为中心。虽然近年来电子政务不断发展和传播，但是发达国家和发展中国家的公众是否愿意使用这些电子政务服务、是否相信政府机构的举措尚不明确。电子政务的接受度、传播和成功在很大程度上取决于公众是否愿意使用这些服务。因此，对公众对政府机构电子政务建设项目的反应、公众是否愿意使用这些服务、以及公众是否对政府以及电子政务建设表达足够的信任进行研究很有必要。同时，研究如何在政府机构和公众之间建立信任也是很有必要的，它能够帮助政府机构更好地实施电子政务，并且真正地实现以公众为中心的服务。

虽然电子政务有提高政府透明度，提升响应性、问责性的潜力，但是只有当公众对政府的电子政务服务认可时，政府实施的电子政务才能真正发挥作用。国外学者大部分从实证角度采用问卷调查或访问的方法来分析公众对 TOG（Trust of the Government，政府信任）的问题。

文章"The Effects of E-government on Trust and Confidence in Government"使用两阶段模型对皮尤调查数据进行分析，探讨了公众对电子政务的使用情况、对电子政务的态度，以及对电子政务的信任三者之间的关系。为了研究公众对于政府使用电子政务的态度，文献通过皮尤研究中心就美国人生活规划问题对已使用过政府网站的815位公众进行电话访问调查。两阶段模型对调查数据的分析表明，电子政务能够通过提升政府与公众的互动和政府对公众的回应来增加基于过程的信任。[40]

Morgeson等人以使用美国联邦政府服务的787位用户，结合来自美国客户满意度调查研究的数据和SEM统计技术作为横截面样本，探讨了电子政务与公众信任之间的关系。研究结果表明，尽管电子政务可能帮助改善公众对政府机构的信任，但并没有提升与公众与政府机构之间互动的满意度，也不能使公众提升对联邦政府的总体信任程度。[41]

Shareef等人主要研究公众在不同阶段使用电子政务服务的成熟度，以及影响公众使用电子政务的关键因素。为了实现这一目标，他们在对相关的概念和理论进行研究的基础上，设计了一个研究框架，并借助加拿大政府进行了实证研究。结果表明，公共行政人员和政策制定者对公众使用电子政务服务的行为有潜在的影响。[42]

文章"Trust and Risk in E-government Adoption"探讨分析了信任和感知风险对公众是否愿意使用电子政务服务的影响，并以此提出一个包含信任度、TOI、TOG、感知风险的电子政务信任模型。该研究对243位公众进行了调查，获得了他们对电子政务服务的看法，并使用结构方程模型对调查结果进行了分析。结果表明，信任度可以对TOI和TOG产生积极的影响，进而影响公众使用电子政务服务的态度，TOG对感知风险存在消极影响，进而影响用户的使用意图。[43]

第2节
国外电子政务研究的主要特点

一、方法多元化

国外学者通常采用多种方法开展电子政务研究。

Heek 和 Bailur 以 *Information Polity*（《信息化政府》）（2002—2004 年，7—9 卷）、*Government Information Quarterly*（《政府信息季刊》）（2001—2005，18—22 卷）、*European Conference on E - government*（《欧洲电子政务会议》）（2001—2005 年）的会议记录为数据来源，从每个来源中选择了 28 篇论文。他们主要从观点、哲学、理论、方法和实践五个方面对选取的 84 篇文献进行分析，探讨电子政务研究的情况，并总结了近五年来电子政务文献中使用的研究方法（如表 3-1 所示）。[44] 从中可以看出，国外学者多采用问卷调查、文献分析、访谈法等方法研究电子政务。权衡理论和啄食理论是对一些相关的资源进行回顾，但是并没有严格的定义将这种形式称为文献综述。

表 3-1　国外电子政务研究方法使用频次

研究方法	使用频次
无明确的研究方法	20
权衡理论和啄食理论	19
问卷调查	15
文献分析	14
访谈法	14
网站内容评估	7
文献回顾	6
反思项目经验	6
观察	3
其他	7

二、内容具体化

国外学者注重从实际问题出发去研究电子政务，并非只关注理论模型的构建；注重电子政务研究与实践相结合，注重定量研究与定性研究的结合。通过对 WOS 数据库中关于电子政务方面的文献进行阅读分析可以发现，国外学者通常研究的问题是具体而明确的，他们常以某个问题为基础，提出一些模型、架构或方法，并结合统计、问卷调查、访谈法等方法探讨并且解决提出的问题。比如，在上文提及的电子政务研究中，无论是对于用户的个性化研究，还是关于用户接受度和满意度的研究都较为具体。

三、主题交叉化

通过对国外文献进行分析可以发现,国外电子政务研究领域的关联度较高。电子政务研究的各个主题并不是孤立的,而是相互交叉的。比如,对于电子政务相关技术方法的研究,始终贯穿于电子政务研究的各个阶段。对信息技术的应用研究,前期重点关注提升政府内部的管理、优化政府门户网站、提供更便捷的电子政务服务,后期重点关注信息技术对于改善或提升公众参与、公众互动交流、透明度、公开性、信任度的潜力;而提升公众参与度、公众接受度和公众满意度,对于改善公众对政府的信任和信心也存在积极的促进作用。

参考文献

[1] 孙宇,高敏,石永玮. 热点及变迁:十余年来中外电子政务研究的比较分析[J]. 电子政务,2015(3):44-53.

[2] 程赛琰,丁磊,魏淑娟. 基于知识图谱分析的电子政务研究现状、热点与趋势[J]. 图书与情报,2013(1):116-123.

[3] 董伟,朱小梅,徐少同. 基于知识图谱的近10年国际电子政务研究进展分析[J]. 图书情报工作,2012,56(13):17-23.

[4] 王炳立. 基于共现与共被引网络的国际电子政务研究进展可视化分析[J]. 情报科学,2016,34(1):20-25.

[5] 宋艳秋,洪文峰. 基于CiteSpaceⅢ的国际电子政务领域可视化分析[J]. 科技创业月刊,2016(8):14-15.

[6] 颜海,李有仙,赵跃. 国际电子政务研究进展:基于三种外文期刊近五年刊文的统计分析[J]. 电子政务,2015(8):105-112.

[7] 董伟,贾东琴. 国外电子政务研究进展分析:基于共词分析方法的研究[J]. 图书情报工作,2011,55(21):125-129.

[8] 张璇,苏楠,杨红岗,等. 2000—2011年国际电子政务的知识图谱研究:基于CiteSpace和VOSviewer的计量分析[J]. 情报杂志,2012,31(12):51-57.

[9] LASKOWSKI M S. The impact of electronic access to government information: what users and documents specialists think[J]. Journal of government information,2000,27(2):173-185.

[10] GUPTA M P, JANA D. E-government evaluation: a framework and case study[J]. Government information quarterly,2003,20(4):365-387.

[11] STEYAERT J C. Measuring the performance of electronic government services [J]. Information & management, 2004, 41 (3): 369-375.

[12] WEST D M. E-government and the transformation of service delivery and citizen attitudes [J]. Public administration review, 2004, 64 (1): 15-27.

[13] WONG W, WELCH E W. Does E-government promote accountability? A comparative analysis of website openness and government accountability [J]. Governance, 2004, 17 (2): 275-297.

[14] THOMPSON C S. Enlisting on-line residents: expanding the boundaries of E-government in a Japanese rural township [J]. Government information quarterly, 2002, 19 (2): 173-188.

[15] RIQUELME H, BURANASANTIKUL P. E-government in Australia: a citizen's perspective [C] // Electronic Government: Third International Conference, EGOV 2004, Zaragoza, Spain, August 30-September 3, 2004, Proceedings. 2004: 317-327.

[16] CARTER L, BELANGER F. The utilization of E-government services: citizen trust, innovation and acceptance factors [J]. Information systems journal, 2005, 15 (1): 5-25.

[17] DUGDALE A, DALY A, PAPANDREA F, et al. Accessing E-government: challenges for citizens and organizations [J]. International review of administrative sciences, 2005, 71 (1): 109-118.

[18] CRESSWELL A M, PARDO T A. Implications of legal and organizational issues for urban digital government development [J]. Government information quarterly, 2001, 18 (4): 269-278.

[19] SHARIFI M, MANIAN A. The study of the success indicators for pre-implementation activities of Iran's E-government development projects [J]. Government information quarterly, 2010, 27 (1): 63-69.

[20] Moon M J. The evolution of E-government among municipalities: rhetoric or reality? [J]. Public administration review, 2002, 62 (4): 424-433.

[21] BECKER J, NIEHAVES B, ALGERMISSEN L, et al. E-government success factors [C] // Electronic Government: Third International Conference, EGOV 2004, Zaragoza, Spain, August 30-September 3, 2004, Proceedings. DBLP, 2004: 503-506.

[22] HO A T, NI A Y. Explaining the adoption of E-government features: A case study of Iowa county treasurers' offices [J]. American review of public administration, 2004, 34 (2): 164-180.

[23] MOON M J, NORRIS D F. Does managerial orientation matter? The adoption of reinventing government and E-government at the municipal level [J]. Information systems journal, 2005, 15 (1): 43-60.

[24] CHEN Y C, GANT J. Transforming local E-government services: the use of application service providers [J]. Government information quarterly, 2001, 18 (4): 343-355.

[25] HO T K. Reinventing local governments and the E-government initiative [J]. Public administration review, 2002, 62 (4): 434-444.

[26] GAMPER J, AUGSTEN N. The role of web services in digital government [C] // Electronic Government, Second International Conference, EGOV 2003, Prague, Czech Republic, September 1-5, 2003, Proceedings. DBLP, 2003: 161-166.

[27] MEDJAHED B, REZGUI A, BOUGUETTAYA A, et al. Infrastructure for E-government web services [J]. IEEE internet computing, 2003, 7 (1): 58-65.

[28] VENKATESH V, CHAN F K Y, THONG J Y L. Designing E-government services: key service attributes and citizens' preference structures [J]. Journal of operations management, 2012, 30 (1-2): 116-133.

[29] LIN F, FOFANAH S S, LIANG D. Assessing citizen adoption of E-government initiatives in Gambia: a validation of the technology acceptance model in information systems success [J]. Government information quarterly, 2011, 28 (2): 271-279.

[30] BERTOT J C, JAEGER P T, GRIMES J M. Using ICTs to create a culture of transparency: E-government and social media as openness and anti-corruption tools for societies [J]. Government information quarterly, 2010, 27 (3): 264-271.

[31] BONSON E, TORRES L, ROYO S, et al. Local E-government 2.0: social media and corporate transparency in municipalities [J]. Government information quarterly, 2012, 29 (2): 123-132.

[32] KIM J. A model and case for supporting participatory public decision making in e-democracy [J]. Group decision & negotiation, 2008, 17 (3): 179-193.

[33] SAGLIE J, VABO S I. Size and e-democracy: online participation in norwegian local politics [J]. Scandinavian political studies, 2009, 32 (4): 382-401.

[34] MOSS G, COLEMAN S. Deliberative manoeuvres in the digital darkness: e-democracy policy in the UK [J]. British journal of politics & international relations, 2014, 16 (3): 410-427.

[35] AYACHI R, BOUKHRIS I, MELLOULI S, et al. Proactive and reactive E-government services recommendation [J]. Universal access in the information society, 2016, 15 (4): 681-697.

[36] KARUNASENA K, DENG H. Critical factors for evaluating the public value of E-government in Sri Lanka [J]. Government information quarterly, 2012, 29 (1): 76-84.

[37] STEFANOVIC D, MARJANOVIC U, DELIC M, et al. Assessing the success of

E-government systems: an employee perspective [J]. Information & management, 2016, 53 (6): 717-726.

[38] SANDOVAL-ALMAZAN R, GIL-GARCIA J R. Are government internet portals evolving towards more interaction, participation, and collaboration? Revisiting the rhetoric of E-government among municipalities [J]. Government information quarterly, 2012, 29 (1): S72-S81.

[39] VALDES G, SOLAR M, ASTUDILLO H, et al. Conception, development and implementation of an E-government maturity model in public agencies [J]. Government information quarterly, 2011, 28 (2): 176-187.

[40] TOLBERT C J, MOSSBERGER K. The effects of E-government on trust and confidence in government [J]. Public administration review, 2006, 66 (3): 354-369.

[41] MORGESON F V, VANAMBURG D, MITHAS S. Misplaced Trust? Exploring the structure of the E-government-citizen trust relationship [J]. Journal of public administration research and theory, 2010, 26 (2): 257-283.

[42] SHAREEF M A, KUMAR V, KUMAR U, et al. E-government adoption model (GAM): differing service maturity levels [J]. Government information quarterly, 2011, 28 (1): 17-35.

[43] BELANGER F, CARTER L. Trust and risk in E-government adoption [J]. Journal of strategic information systems, 2008, 17 (2): 165-176.

[44] HEEKS R, BAILUR S. Analyzing E-government research: perspectives, philosophies, theories, methods, and practice [J]. Government information quarterly, 2007, 24 (2): 243-265.

第4章 国内电子政务研究阶段及特点

本章导读

　　本章将国内电子政务研究分为三个阶段：起步阶段、发展阶段、平稳阶段。

　　电子政务研究的起步阶段，研究成果较少，研究人员也较少，研究内容集中在电子政务的基本理论介绍及其对我国相关机构工作的影响和对策建议，缺少技术方面的研究；发展阶段的研究主要围绕电子政务系统构建、政府管理模式转变、绩效评价、信息资源管理与共享、服务型政府、信息安全等方面展开；平稳阶段的研究关注电子政务概念、政府管理变革等方面，信息资源共享的视角更加多样化，研究内容更加精细化，更关注新技术方法和电子政务的新应用。

第1节
国内电子政务研究的阶段划分

我国电子政务研究进程与我国政府信息化进程几乎是同步的。政府信息化,从理论上说,就是工业社会的政府向信息社会的政府演变的过程。具体来说,政府信息化就是应用ICT,将管理和服务通过网络技术进行集成,对政府需要和拥有的信息资源进行开发和管理,来提高政府的工作效率、决策质量、调控能力、廉洁程度,节约政府开支,改进政府的组织结构、业务流程和工作方式,全方位地向社会民众提供超越时间、空间与部门分隔限制的优质、规范、透明、符合国际水准的信息服务和在线办事服务。

根据国家行政学院电子政务专家汪玉凯的观点,我国政府信息化可以分为三个阶段:政府信息化前期(1999年之前)、大规模建设期(1999—2002年)、深化应用期(2002年年底至今)。考虑到研究结果的准确性和代表性,本章选择CSSCI(Chinese Social Sciences Citation Index,中文社会科学引文索引)数据库进行资料检索。检索发现,1998—2016年篇名包含"电子政务"或"电子政府"的论文发表数量为1284篇(如图4-1所示)。根据这些资料,国内电子政务研究可以分为三个阶段:起步阶段(2002年之前)、发展阶段(2002—2009年)、平稳阶段(2010年至今)。电子政务研究的起步阶段对应政府信息化进程的前期和大规模建设,电子政务研究的发展阶段和平稳阶段对应政府信息化进程的深化应用期。

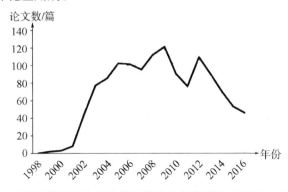

图4-1 CSSCI数据库电子政务相关论文发表情况(1998—2016年)

第 2 节
国内电子政务研究的起步阶段（2002 年之前）

一、国内电子政务研究起步阶段的环境

1992 年 2 月，当时的参议员、后任美国副总统的阿尔·戈尔提出信息高速公路法案，以此来带动整个国家的信息基础设施建设；1993 年，克林顿政府上台以后，由阿尔·戈尔代表新政府提出了构建电子政务的计划，美国是世界上开展电子政务建设较早且发展最为迅速的国家。英国从 1994 年开始电子政务建设，目标是建立以公众为中心的现代化政府。新加坡从 1981 年就开始发展电子政务，在 1986 年推行"国家 IT 计划"，希望通过先进的网络技术，集成计算机与通信技术使国家行政部门计算机化，为公众提供一站式和快捷的集成式服务。现在新加坡是全球公认的电子政务建设，尤其是基于网络的公共服务建设最为领先的国家。日本、加拿大等发达国家也迅速跟进，提出了类似的计划来发展本国的电子政务。我国电子政务研究的起步阶段对应我国政府信息化进程的前期和大规模建设期。

政府信息化进程的前期我国经历了 OA 阶段（20 世纪 80 年代—90 年代中期）和专业领域信息化阶段（1993—1998 年）。在 OA 阶段，中央和地方党政机关开展的 OA 工程，建立了各种纵向和横向的内部信息办公网络，政府办公开始使用计算机、传真机、打印机、复印机等现代办公设备和计算机技术、通信技术、网络技术等协助处理信息，来提高办公效率和办公质量。在专业领域信息化阶段，政府为推动国民经济信息化和社会发展信息化而提出的计算机联网、应用工程在专业领域的应用，主要表现为"金字工程"建设。1993 年年底，为迎合全球建设信息高速度公路的潮流，我国正式启动了国民经济信息化的起步工程"三金工程"，即金桥工程、金关工程和金卡工程。"三金工程"是我国中央政府主导的以政府信息化为特征的系统工程，是我国政府信息化的雏形。

政府信息化进程的大规模建设期主要指的是我国"政府上网工程"实施阶段（1999—2002 年）。1999 年 1 月 22 日，由中国电信和国家经济贸易委员会经济信息中心牵头，联合 40 多家部（委、办、局）的信息主管部门共

同倡义、发起并召开的"政府上网工程启动大会",标志我国正式启动了"政府上网工程",并把1999年确定为"政府上网年",中国电子政务发展进入了实质性建设阶段;通过启动"政府上网工程"及相关的一系列工程,我国计划迈入"网络社会",实现提供政府信息资源共享和应用项目,政府站点与政府的OA连通,政府各部门职能紧密结合,政府站点演变为便民服务的窗口,人们足不出户就能完成与政府部门的办事程序等目标。2002年8月17日,中共中央办公厅、国务院办公厅联合下发了《国家信息化领导小组关于我国电子政务建设指导意见》中办发〔2002〕17号,此举堪称是我国电子政务发展史上具有里程碑意义的一件大事。该指导意见中将"政府先行,带动国民经济和社会发展信息化"正式确立为我国信息化建设的发展战略,明确指出了电子政务的指导思想、目标、原则、框架、未来的发展重点等,为我国电子政务的进一步发展指明了方向。

二、国内电子政务研究起步阶段的内容及特点

在电子政务研究起步阶段,我国政府信息化建设主要集中于各部门管理和业务的信息化,如"三金工程""政府上网工程"等。因此,这一时期的电子政务研究成果较少,在CSSCI数据库中以"电子政务"或"电子政府"为篇名关键词,可以检索出1999—2001年的论文13篇(如表4-1所示)。

表4-1　CSSCI数据库中关于电子政务的论文(1999—2001年)

作者	题名	文献来源	发表年份/年	关键词
高柳宾、孙云川	浅谈电子政府信息资源有效共享建设	《情报科学》	1999	电子政府,信息资源,共享,导航模型
王颖	电子政府——中国政府改革的新取向	《南京社会科学》	1999	信息化时代,电子政府,政府改革
高华	呼之欲来的电子政府革命	《国外社会科学》	2000	电子政府,信息技术
佟德志	电子政府的信息过程及分析——英国政府公共服务改革的模式研究	《政治学研究》	2000	政府,行政管理方法,信息管理,信息网络,行政改革,英国
李自然	提"电子政府"或"网上政府"不妥	新闻战线	2000	电子政府,网上政府
孙国锋、苏竣	电子政府——政府的深刻变革	《科学学与科学技术管理》	2001	电子政府,内涵,架构
孙国锋、苏竣	国外"电子政府"发展及对中国的启示	《科学学与科学技术管理》	2001	电子政府,政府再造,电子服务

续表

作者	题名	文献来源	发表年份/年	关键词
苏竣、孙国锋、柏杰	"电子政府"的内涵和架构	《科研管理》	2001	信息技术，电子政府，内涵，架构
孙国锋、苏竣	电子政府促进民主与发展	《清华大学学报（哲学社会科学版）》	2001	电子政府，信息技术，政府，治理
杨世运	电子政务的发展与对策	中国科技论坛	2001	电子政务，电子信息技术，地方政府
于凤荣、王丽	电子政府与现代政府之比较	《中国行政管理》	2001	电子政府，现代政府，比较
李传军	电子政府的实现方式及其问题探析	《求索》	2001	电子政府，实现方式，问题
杜杨	"电子政府"与企业	《中外管理》	2001	

"电子政府""政府改革""行政改革""政府再造""信息技术"等关键词表明这一时期的研究主要围绕"电子政府"展开。这些文章介绍了电子政府的内涵和架构，分析了国外电子政府总体发展趋势，介绍了电子政府对政府治理及改革带来的变革性影响，并结合我国国内"政府上网工程"的环境，指出国外发展电子政府的经验对我国电子政务建设的启示和借鉴之处。

杨世运的《电子政务的发展与对策》是这一阶段被引量和下载量均最多的文献，具有国内电子政务研究起步阶段的代表性。该文介绍了电子政务的含义，根据电子政务服务的对象分别介绍了政府内电子政务（Government-Government，G2G）、政府对企业电子政务（Government-Business，G2B）、政府对公众电子政务（Government-Citizen，G2C），详细概括总结了国内外电子政务的发展状况，具体指出了我国电子政务发展当时存在的六个问题，给出了我国电子政务发展的对策，详细地概括了信息技术将给社会及政府带来的变革及影响。孙国锋、苏竣在这一时期发表了较多论文，也具有一定的影响力。

第3节
国内电子政务研究的发展阶段（2002—2009年）

一、国内电子政务研究发展阶段的环境

国内电子政务研究的发展阶段对应我国政府信息化进程的深化应用期。

2002年,《国家信息化领导小组关于我国电子政务建设指导意见》中办发〔2002〕17号指出,"十五"规划期间,我国电子政务建设的主要任务是建设好"两网、一站、四库、十二金"。"两网"是指政务内网和政务外网,"一站"是指政府门户网站,"四库"是人口、法人单位、空间地理和自然资源、宏观经济四个基础数据库,"十二金"是指办公业务资源系统等12个业务系统。"两网、一站、四库、十二金"覆盖了我国电子政务急需建设的各个方面,涉及信息资源开发、信息基础设施建设与整合、信息技术应用等领域,其特点各异而又相互渗透和相互交融,初步构成了我国电子政务建设的基本框架。

2004年,我国电子政务的建设围绕"加快推进电子政务示范工程建设"等四项任务全面推进。电子政务建设重点从网络建设转向业务管理和公众服务,无纸化办公越来越普及,政府网站成为公众的关注热点。

2005年11月3日,国家信息化领导小组第五次会议审议并原则通过了《国家信息化发展战略(2006—2020年)》。该文件认为电子政务已经成为转变政府职能、提高行政效率、推进政务公开的有效手段;指出政府信息化的战略重点就是利用电子政务改善公共服务、加强社会管理、强化综合监管、完善宏观调控;还就电子政务制订了行动计划。行动计划涉及两大方面的内容:①规范政务基础信息的采集和应用,建设政务信息资源目录体系,推动政府信息公开。整合电子政务网络,建设政务信息资源的交换体系,全面支撑经济调节、市场监管、社会管理和公共服务职能。②建立电子政务规划、预算、审批、评估综合协调机制。加强电子政务建设资金投入的审计和监督。明确已建、在建及新建项目的关系和业务衔接,逐步形成统一规范的电子政务财政预算、基本建设、运行、维护管理制度和绩效评估制度。

2006年是"十一五"规划的开局之年,也算是电子政务的"政策年"。我国电子政务的一系列大政方针如《国家电子政务总体框架》国信〔2006〕2号、《国家信息化领导小组关于推进国家电子政务网络建设的意见》中办发〔2006〕18号等相继出台,第一次全国电子政务工作座谈会、2006中国电子政务论坛、第三届亚太公共服务高峰论坛、第三届中国信息化推进大会等相继召开。2006年1月1日,经过3个月的试运行,备受关注的"中华人民共和国中央人民政府门户网站"(www.gov.cn)正式开通,这是我国信息化发展史上具有里程碑意义的重要事件。该网站的开通,把原本散乱的各级政府网站联结成一个整体,成为中国政府网站群的"总入口"。从理论上说,用户无论想访问哪一级、哪个部门的政府网站，都能以该网站为起点，找到合适的链接。另外，该网站的建成，对其他政府网站还起着一种重要的"示范"效应。不少部委、地方政府在制定门户网站发展规划时，开始参照该网站的发展要求，对政务信息和办事服务的分类加以统筹。

2007年10月，中国共产党第十七次全国代表大会在北京召开。在大会报告《高举中国特色社会主义伟大旗帜 为夺取全面建设小康社会新胜利而奋斗》中，"信息化"贯穿全篇，共有10处表述与信息化密切相关，特别是提出了"健全政府职责体系，完善公共服务体系，推行电子政务，强化社会管理和公共服务"的重要论述，首次将"电子政务"的作用定义为"加快行政管理体制改革，建设服务型政府"的重要手段。

2008年5月1日，《中华人民共和国政府信息公开条例》正式实施。该条例旨在保障公众、法人和其他组织依法获取政府信息，体现了政府信息以公开为原则，不公开为例外的原则。该条例有力地推动了地方政府信息公开平台的建设，大大提高了政府工作的网上透明度，初步发挥了政府信息对人民群众生产、生活和经济社会活动的服务作用。2008年3月，大部制改革拉开帷幕。国家发展改革委的工业行业管理有关职责，国防科工委核电管理以外的职责，以及信息产业部和国务院信息化工作办公室的职责，统一纳入新成立的"工业和信息化部"。

从2009年下半年起，新浪网、搜狐网、网易网、人民网等门户网站纷纷开启或测试微博功能。微博吸引了社会名人、娱乐明星、企业机构和众多网民加入，成为2009年互联网应用的热点之一，也为后来电子政务的建设和推广提供了广泛的社会基础。

二、国内电子政务研究发展阶段的内容及特点

1. 发展阶段的基本状况及特点

在CSSCI数据库中，将时间范围设置为2002—2009年，将"电子政务"或"电子政府"设置为篇名关键词，共检索出737篇论文，然后抽取出作者、题名、文献来源、年份、关键词和摘要6个关键字段，利用软件统计分析，提取出论文里排名前50位的关键词（如表4-2所示）。

表 4-2　CSSCI 数据库中电子政务论文排名前 50 位的关键词（2002—2009 年）

关键词	频数	关键词	频数
电子政务	582	中国	9
电子政府	94	标准化	8
信息资源	35	公众服务	8
信息安全	24	元数据	8
绩效评估	23	政务绩效	8
电子政务对策	21	电子商务	7
知识管理	21	电子文件	7
信息技术	16	行政环境	7
信息共享	15	数字鸿沟	7
信息化	15	信息资源管理	7
美国	12	政务信息化	7
信息服务	12	本体	6
服务型政府	11	地方政府	6
信息系统	11	管理	6
信息资源共享	11	国家行政学院	6
政府信息化	11	国家信息化	6
指标体系	11	行政管理	6
电子政务系统	10	绩效评价	6
公共服务	10	门户网	6
公众满意度	10	数据仓库	6
政府管理创新	10	政府再造	6
信息公开	9	政府改革	6
政府	9	政府管理	6
政府信息资源	9	新加坡	6
制度创新	9	艾森哲咨询公司	6

从表 4-2 中可以看出，位于前两位的关键词是"电子政务"和"电子政府"，此外，"信息资源""信息安全""绩效评估""电子政务对策""知识管理""信息技术""信息共享""信息化""信息资源共享"等关键词频数也较高。

CSSCI 数据库中，2002—2009 年发文量较多的作者如表 4-3 所示。

表 4-3 CSSCI 数据库中发表电子政务论文数量较多的作者（2002—2009 年）

作者	发文量/篇	作者	发文量/篇
罗贤春	21	刘春年	6
何振	17	仲伟俊	6
杜治洲	9	高洁	5
汪玉凯	9	蒋冠	5
刘焕成	8	孔繁玲	5
覃正	7	梅姝娥	5
王浣尘	7	孟庆国	5
文庭孝	7	周慧文	5
白庆华	6	顾平安	4
邓崧	6	雷战波	4

CSSCI 数据库中，发表论文较多的期刊如表 4-4 所示。

表 4-4 CSSCI 数据库中发表电子政务论文较多的期刊（2002—2009 年）

期刊	发文量/篇	期刊	发文量/篇
情报杂志	93	图书情报知识	19
中国行政管理	61	情报资料工作	15
情报科学	50	现代图书情报技术	13
图书情报工作	33	图书与情报	9
科技进步与对策	28	新视野	9
科技管理研究	23	中国图书馆学报	9
情报理论与实践	22	国家行政学院学报	8
档案学通讯	21	科学学与科学技术管理	8
档案学研究	21	生产力研究	8
图书馆理论与实践	19	统计与决策	8

从表 4-4 中我们可以看出，《情报杂志》《中国行政管理》《情报科学》《图书情报工作》发文量比较多，总体来看，国内电子政务研究在图书情报类的期刊载文量较大。

本节将 737 篇论文的关键词和摘要信息作为文档集，因为选择整篇论文内容来分析工作量太大且含有较多无关数据，所以只选择关键词和摘要作为分析对象。本节利用 LDA（Latent Dirichlet Allocation，隐含狄利克雷分析）主题模型，把发展阶段的论文聚为十类，将无关的关键词清洗过后，每类保留了与论文主题较为相关的关键词（如表4-5所示）。

表 4-5　CSSCI 数据库中电子政务论文的关键词（2002—2009 年）

主题	关键词
主题1	信息化　公共　理念发展　政府职能　管理模式　电子商务　网络　电子政务　信息技术　组织结构
主题2	电子政务　标准化　数字鸿沟
主题3	发展中国家　信息化　电子政务　美国　地方政府　IT　发达国家　竞争力　新加坡　政府信息化
主题4	技术　数据　电子政务　信息系统　实现方法　本体　框架　流程　平台　管理系统　审计　知识管理　业务　Web
主题5	电子政务　信息服务　目标内容　成本　社会效益　经济效益　客户关系
主题6	电子政务　法律　政策　政治　社会　科技　经济　行政效率　环境　文化　立法　体制改革
主题7	绩效评估　绩效评价　指标体系　测评　满意度　实证　电子政务　模型
主题8	电子政务信息　档案　数字　用户　信息流　政务信息资源共享　利益　资源整合　元数据　信用　社会化　孤岛
主题9	模式　公共服务　公众　外包　中心　市场　范式　生态系统　客户　服务型政府
主题10	电子政府　信息安全　电子文件　信息技术　信息共享　隐私权　保密　网络安全　信息公开

从归类出来的主题我们可以大致了解国内电子政务研究发展阶段的内容。

主题1：政府职能、管理模式。在信息化时代，传统政府管理模式及组织结构已经不适应时代要求，需要进行改革，即利用信息技术再造政府管理流程，优化组织结构，转变政府职能和管理模式。

主题2：电子政务、数字鸿沟。学者们分析了当前国外电子政务现状，指出国内电子政务存在的问题及不足，并提出对策建议，旨在消除国内外数字鸿沟。

主题3：发达国家、电子政务。电子政务在美国、新加坡等发达国家发展已经成熟，其发展经验对发展中国家具有借鉴作用，是提高国家竞争力的关键要素。

主题4：电子政务、平台、管理系统。政务部门以知识管理和本体视角来对电子政务进行设计构建,可以完成政务流程重组,实现业务协同和业务集成。

主题5:电子政务、经济效益、社会效益。电子政务效益不仅包括经济效益还包括社会效益。学者们对电子政务成本和效益进行分析,可以提出提高效益的途径,作为信息资源建设的依据,可以提高政务部门信息服务的能力,发挥出电子政务最大的经济效益和社会效益。

主题6:体制改革、政策。电子政务对中国的行政体制带来了影响,尤其对行政决策的创新提出了新要求。电子政务影响了中国的社会、政治、经济、文化、科技的方方面面。

主题7:绩效评价。国内研究已经涉及电子政务的绩效评价。电子政务评价是现代政府绩效评估的组成部分,介绍国外评价电子政务绩效的模型,可以了解公众满意度,并提出国内电子政务绩效评估的指标体系。

主题8:电子政务信息、政务信息资源共享。学者们从信息流的角度分析了我国信息资源共享存在的障碍,提出了电子政务建设要实现信息资源共享平台及资源库的构建,实现资源整合,最终实现信息共享。

主题9:外包、服务型政府。随着我国信息化发展水平的提高,外包服务在电子政务建设中凸显出越来越重要的作用。电子政务建设推动了我国服务型政府的思考与构建。

主题10:信息安全、信息公开。我国越来越重视信息安全的研究,电子政务在开放的网络环境中实现信息共享,存在很大的信息安全问题。学者们研究影响信息安全的因素,试图从信息技术、管理方法、法律法规等方面保障信息安全。

2. 发展阶段成果的社会影响

电子政务研究发展阶段被引量较多的论文如下。

《深化行政管理体制改革 加快实现政府管理创新——在国家行政学院省部级干部政府管理创新与电子政务专题研究班上的讲话》,内容涉及政府管理创新、国家行政学院、管理体制改革、国家体制、审批制度、权力运行机制、政府管理水平、国务院工作规则、加快推进行政管理体制的改革与创新等方面。[1]

《中国政府信息化与电子政务》内容涉及政务信息化、行政管理成本、OA技术、国家公共事务、机关事务管理、网络技术、信息技术、行政人员等方面。[2]

《中国电子政务发展研究报告》内容涉及中国电子政务、政务信息化、公共服务市场化、机关事务管理、国家行政学院、管理能力等方面，指出了我国电子政务发展进程和最新进展，研究与分析了电子政务领域重要理论和实践问题。[3]

《中国电子政务建设模式和政府流程再造探讨》内容涉及建设模式、政府流程再造等方面，提出了适合中国国情的"自建和外包相结合"的电子政务建设模式：中央政府以自建为主，地方政府以外包为主；内部业务以自建为主，公众服务以外包为主，提出了基于"服务响应链"的政府流程再造（Government Process Reengineering，简称GPR）的先进模式。[4]

《电子政务绩效评估：模式比较与实质分析》内容涉及政务绩效、评估模式、操作指标、指标体系、评估准则、国际机构、联系信息、回应力、社会公平等方面，较早提出了电子政务绩效评估，并列出了评估模式及指标体系。[5]

《美国电子政府的政府信息公开服务》内容涉及信息公开服务、电子政府等方面。文章通过介绍美国电子政府政府的信息公开服务，说明了政府信息公开对强化民主政治、规范行政行为、防止腐败滋生的重要作用。[6]

《电子政府：现代公共服务型政府的实现途径》内容涉及电子政府、公共服务、客户需求、制度创新等方面。文章提出，电子政府极大地拓展了现代公共服务型政府的发展空间，建设电子政府具有促进政府职能转变、提高政府运作效率、增加政府透明度以及增强政府竞争力等重要功能。文章认为，应以深化行政体制改革为基础，构建一个结构合理、经济、有效的电子政府服务系统。[7]

《电子政务的发展阶段研究》内容涉及阶段论、信息通道、公共服务过程、双向互动、机构改革、网上提交、电子民主、门户网站等方面，是较早对电子政务发展阶段进行研究的文献。[8]

《当前我国电子政务发展现状、问题及对策实证研究》内容涉及行政管理、政府信息化、实证研究等方面。文章指出我国电子政务虽取得成果，但仍存在很多的问题，它用实证的方法描述了我国电子政务发展的特征及存在的问题，并给出了对策建议。[9]

《电子政务与中国公共服务创新》内容涉及公共服务创新、公共服务均等化等方面。文章指出，随着我国经济的快速发展和政府转型的不断推进，公共需求全面快速增长与公共服务相对短缺、不平衡以及与公共服务质量相对低下之间的矛盾日益突出，公共服务创新的需求日益迫切。作为一项推动政府改革的运动，电子政务在公共服务创新中有重要的功能。[10]文章对电子政务推动公共服务创新的机理、现状和趋势进行了深入的分析。

第4节
国内电子政务研究的平稳阶段（2010年至今）

一、国内电子政务研究平稳阶段的环境

国内电子政务研究的平稳阶段对应我国政府信息化进程的深化应用期。2011年12月，工业和信息化部印发了《国家电子政务"十二五"规划》，重点发展以下内容。

1. 加快推动重要政务应用发展

（1）推进业务应用协同发展。坚持统筹协调，充分发挥电子政务基础设施作用，围绕解决经济和社会发展的重点难点问题，优先推进经济运行、财政管理、综合治税、强农惠农、城市管理、国土管理、住房管理、应急指挥、信用监管等一批重要协同业务应用。加大行业与地方应用发展的条块结合统筹力度，努力构建基础统一与应用协同的电子政务应用整体发展格局。

（2）推进部门业务应用发展。围绕信息化环境下提升执政和履职能力需要，加强统筹规划和顶层设计，统筹推进政务部门业务应用发展，全面支撑社会主义经济建设、政治建设、文化建设、社会建设以及生态文明建设发展。加强重要信息系统建设，不断扩大应用规模，逐步实现应用全业务、全流程和全覆盖，推动政务与技术深度融合，充分发挥应用成效。加强国民经济预测预警应用功能建设，提高信息分析和利用能力，创新分析研判的方式和手段，提高各类突发事件的应急应对能力，提升宏观调控和科学决策水平。推进法规、规章、政策制定和实施管理，加强实施情况信息采集和落实成效分析评估，支持动态调整，增强科学决策能力。加强信息综合利用，强化信息分析研判，提高宏观调控的科学性和预见性，增强针对性和灵活性。推进国家级全民健康保障、住房保障、社会保障、药品安全监管、食品安全监管、能源安全、安全生产监管、市场价格监管、金融监管、社会信用体系

等重点工程建设。

（3）强化政府网站应用服务。加强政府网站建设和管理，促进政府信息公开，推动网上办事服务，加强政民互动。加大政府网站信息公开力度，不断丰富公开信息内容，提高公开信息质量，增强信息公开的主动性、及时性和准确性。大力提升政府网站网上办事能力，以社会公众为中心，扩大网上办事服务事项，优化办事流程，不断提高网上办事事项的办事指南、表格下载、网上咨询、网上申请、结果反馈等五项服务功能覆盖率，提高便捷性和实效性。推进政府网站政民互动服务发展，建立健全公众意见及问题的受理、处理及反馈工作机制，实现网上信访、领导信箱、在线访谈等互动栏目的制度化和规范化，注重民意收集与信息反馈，保障人民的知情权、参与权、表达权、监督权。加强政府网站服务保障和运行维护保障，建立相关制度，明确各方责任，加大管理力度，开展绩效评估和考核，大力提高政府网站服务能力。

2. 加强保障和改善民生应用

（1）深化保障和改善民生应用。加快推进劳动就业、社会保障、医疗卫生、教育、文化等应用服务，促进基本公共服务体系建设发展。

（2）加强县级政府和基层政务服务应用。加大县级政府政务公开和政务服务应用推进力度，不断创新政务服务方式和手段，促进基本公共服务体系建设的应用发展。依托县级政府电子政务公共基础设施，开展民政、计生、劳动、教育、卫生、公安、农业等政务服务应用，增加服务内容，扩大服务范围，加强业务应用系统互联互通，推进信息共享和业务协同，提高服务水平。深化政务服务中心和各类政务服务窗口等多种渠道服务应用，充分利用已有的基层为民场所和服务设施，推进基层政务服务窗口的应用服务环境建设，配备服务终端、自助终端和辅助设备，加快推进政务服务应用向乡镇（街道）和社区（行政村）的延伸。不断提升基层政务工作人员电子政务应用能力，开展"一站式"服务，为社会公众提供方便优质、多方式全方位的服务，提高基层服务水平，促进基本公共服务均等化。

3. 加强创新社会管理应用

（1）深化社会管理应用。加快推进维护社会秩序、促进社会和谐、保障人民安居乐业的电子政务应用建设，电子政务要在协调社会关系、规范社会行为、解决社会问题、化解社会矛盾、促进社会公正、应对社会风险、保持社会稳定等方面发挥作用。以解决影响社会和谐稳定突出问题为突破口,深化社会管理应用,逐步建立覆盖全面、跟踪动态、信息共享、功能齐全的社会管理应用服务体系,促进社会管理水平提高。推进实有人口和流动人口管理服务应用,保障人民安居乐业。推进基层社会管理和服务应用,强化基础工作,促进社区和谐稳定。推进公共安全、食品药品安全监管、安全生产监管、应急处置管理等应用,为人民群众提供安全稳定的生活环境。加强生态环境保护应用,确保国家生态安全。推进非公有制经济组织、社会组织管理等应用,推动社会组织健康有序发展。推进信息网络管理应用,提高对虚拟社会的管理水平。大力推进政务公开和权力阳光运行应用,完善权力网上公开运行和电子监察应用,推进公共权力运行、公共资金使用和公共资源交易等领域的综合监控应用,促进行政行为的公开公正和透明廉洁。

(2)促进城镇社会管理创新。加大城镇社会管理应用推进力度,进一步创新管理模式,不断提高社会管理科学化水平。加强城镇人口管理和服务应用,支持"以证管人、以房管人、以业管人"新模式,提高管理服务水平。推进社会治安防控应用,实现城镇社会治安有效防控。推进城镇基层社会管理和服务应用,强化城镇社区自治和服务功能,改善自我管理,提升自我教育,强化自我监督。加强突发事件应急处置和管理应用,提升自然灾害和公共突发事件的预测预警、分析评估、应急处置等能力和水平。推进城镇基础设施服务管理应用,建设文明、卫生、宜人、宜居城镇。加快推进依托电子政务平台促进城镇基层社会管理和服务应用向街道和社区延伸,提高社区自治和服务功能,实现城市网格划分、管理联动,构建城市综合管理格局。

4. 强化政务信息资源开发利用

(1)建设高质量政务信息资源。推进政务部门依据职能建设政务信息资源,逐步覆盖业务活动中产生和获取的各类政务信息。

(2)加强政务信息资源管理。建立健全政务信息资源管理制度,提高政务信息资源管理能力,明确政务信息管理要求,提升政务信息资源管理水平。

(3)大力推动信息共享和政务信息资源社会化利用。积极推进跨地区、跨部门、跨层级信息共享,丰富信息共享内容,扩大信息共享覆盖面,提高信息共享使用成效。

5. 建设完善电子政务公共平台

（1）完成以云计算为基础的电子政务公共平台顶层设计。积极研究云计算模式在电子政务发展中的作用，全面分析新技术对电子政务公共平台发展的影响和全方位业务协同、信息资源共享及信息安全保障对电子政务公共平台发展的需求。

（2）全面提升电子政务技术服务能力。鼓励地方在国家电子政务规划和顶层设计指导下，在现有基础上建设集中统一的区域性电子政务云平台，降低电子政务建设和运维成本，提高电子政务发展质量，增强电子政务安全保障能力。

（3）制定电子政务云计算标准规范。

（4）鼓励向云计算模式迁移。

6. 提高政府信息系统的信息安全保障能力

（1）建设完善信息安全保障体系。加强信息安全防护体系建设，建立电子政务TOI体系、应急处置体系和监管体系，加强政府网站安全管理，实施政务部门互联网安全接入防护工程。

（2）制定电子政务安全可靠的标准规范。

（3）进一步加强政府信息系统安全管理。

2014年2月27日，中央网络安全与信息化领导小组正式成立，并审议通过了《中央网络安全和信息化领导小组工作规则》《中央网络安全和信息化领导小组办公室工作细则》《中央网络安全和信息化领导小组2014年重点工作》。

二、国内电子政务研究平稳阶段的内容及特点

1. 平稳阶段的基本状况及特点

经过电子政务研究发展阶段论文数量的快速增长，本阶段论文数量有较大的下降，说明国内对电子政务的研究步入平稳阶段。

本节在CSSCI数据库中，将时间节点设置为2010—2016年，以"电子政务"或"电子政府"为篇名关键词，共检索出的522篇论文，然后抽取出作者、题名、文献来源、年份、关键词和摘要六个关键字段，利用软件统计分析，提取出论文里排名前50位的关键词（如表4-6所示）。

表 4-6 CSSCI 数据库中电子政务论文排名前 50 位的关键词（2010—2016 年）

关键词	频数	关键词	频数
电子政务	423	移动政务	8
公共服务	50	公众参与	7
电子政府	28	绩效评价	7
电子治理	22	文献计量	7
云计算	22	在线服务	7
顶层设计	18	政府网站	7
绩效评估	16	政务信息资源	7
信息安全	16	电子档案	6
公共管理	15	信息公开	6
信息资源	15	信息技术	6
服务型政府	14	业务协同	6
信息社会	14	政府公信力	6
信息服务	12	政府职能	6
影响因素	11	政务信息化	6
信息化	10	中国电子政务	6
政府管理	10	创新	5
大数据	9	电子参与	5
公共平台	9	电子政务信息	5
信息共享	9	电子政务研究	5
信息资源共享	9	国家电子政务	5
政府管理创新	9	知识图谱	5
服务质量	8	智慧城市	5
工业和信息化部	8	技术接受模型	5
数字鸿沟	8	结构方程模型	5
信息资源整合	8	网络安全	5

从表 4-6 可以看出，"绩效评估""信息安全""信息资源""服务型政府""信息服务""信息共享"等不仅是国内电子政务研究的发展阶段研究较多的方面，在平稳阶段也维持着相当的热度。"公共服务"的频数有较大提

升,"电子治理""云计算""顶层设计""大数据""服务质量"等领域得到研究者的重点关注。

平稳阶段发文量较多的作者如表4-7所示。

表4-7 CSSCI数据库中发表电子政务论文数量较多的作者(2010—2016年)

作者	发文量/篇	作者	发文量/篇
张锐昕	14	苏焕宁	6
王益民	11	王璟璇	6
丁艺	10	王立华	6
胡广伟	10	杨茜茜	6
刘密霞	8	陈贵梧	5
罗贤春	7	何有世	5
孟庆国	7	何振	5
杨道玲	7	李广乾	5
陈永生	6	李章程	5
侯衡	6	陆敬筠	5

平稳阶段发表论文较多的期刊如表4-8所示。

表4-8 CSSCI数据库中发表电子政务论文较多的期刊(2010—2016年)

期刊	发文量/篇	期刊	发文量/篇
电子政务	163	科技管理研究	7
情报杂志	39	行政论坛	5
图书情报工作	36	上海管理科学	5
现代情报	27	图书情报知识	5
情报科学	25	档案学通讯	4
中国行政管理	17	东岳论丛	4
图书馆理论与实践	16	情报资料工作	4
档案学研究	11	上海行政学院学报	4
图书馆学研究	11	统计与决策	4
情报理论与实践	9	新世纪图书馆	4

本节把522篇论文的关键词和摘要信息作为文档集,利用LDA主题模型,把发展阶段的论文聚为十类,每类的关键词如表4-9所示。

表 4-9 CSSCI 数据库中电子政务论文的关键词（2010—2016 年）

主题	关键词语
主题1	框架　系统　电子政务系统　信息服务　公共服务　模型　架构　个性化　用户　功能　协同服务
主题2	电子政务　云计算　政务服务型政府　大数据　顶层设计　平台　图书馆　公共管理
主题3	政府职能　大都市电子政务　互联网　行政管理
主题4	电子政务　文献　研究方法　学科借鉴　媒体　研究对象　作者　关键词　研究领域　可视化
主题5	公众　模型　服务质量　电子政务　满意度　成本　公务员　结构方程　实证分析　问卷调查　因子分析
主题6	电子政府　信息技术　网络　测评　IT技术　开放　公共水平　电子治理　政治　公共服务　欧盟
主题7	信息安全　文化　安全　信息　电子政务　教学利用　网络平台　管理系统　公共政策
主题8	政务信息　资源共享　信息公开　外包　资源整合　业务协同　法律　信息共享　电子政务　信息资源共享　标准化　信息资源管理　信息孤岛
主题9	绩效评估　农村　指标体系　绩效评价运维　自治区　通信有效性　电子政务　公共服务　定量
主题10	信息化　地方政府　国家行政学院　电子政务　CIO　网络安全　电子档案管理　评价体系　OA

从归类出来的主题可以大致了解平稳阶段国内电子政务研究的内容。

主题1：公共服务、协同服务。电子政务系统的构建，即针对用户提供个性化公共服务。

主题2：云计算、顶层设计、大数据。该主题的论文阐述了云计算的基本概念，对电子政务公共平台顶层设计进行了分析，推进了大数据的应用。

主题3：大都市电子政务、政府职能、行政管理。都市发展转型对电子政务提出了中心价值、结构形式和运行方式三个层面的创新要求，电子政务对传统政府职能转换及行政管理变革提出了新要求。

主题4：电子政务、文献。该主题的论文以国内外电子政务文献为研究对象，进行比较分析，发现了电子政务研究的趋势、热点及未来发展方向。

主题5：电子政务、服务质量。该主题的论文在电子政务信任相关研究文献的基础上，提出了公众参与动机和意愿、服务质量感知及公务员信息素质对公众对电子政务信任影响的三个假设,进而构建了公众对电子政务信任影响机理的概念模型。

主题6:电子治理、公共服务。该主题的论文研究了信息化战略方面政策规划,可以提高电子政务水平,可以引导信息技术提升政府电子治理能力及公共服务水平。

主题7:信息安全。信息安全对保障电子政务发展的意义重大,该主题的论文指出了现在电子政务建设所面临的安全问题及应对措施。

主题8:信息资源共享、信息资源管理。时代发展要求政府信息公开,实现政务信息管理和政府部门之间的信息资源共享。

主题9:绩效评估。该主题的涉及的研究内容涉及农村电子政务公共服务效率评价,涉及中国农村电子政务评价指标体系。

主题10:电子档案管理。实施OA和电子政务后,如何对电子政务系统中产生的档案进行管理及归档引起了学者的研究。

2. 平稳阶段成果的社会影响

平稳阶段被引用较多的论文有以下几个。

《基于云计算的电子政务信息资源共享系统建设研究》内容涉及云计算、信息资源、资源共享等方面。云计算具有超强的计算能力和低成本、高安全性等特性,将其应用于电子政务信息资源共享领域具有十分重要的价值和意义。从理论、技术、实践和成本上来看,将云计算应用于电子政务信息资源共享领域是科学可行的,在现阶段构建基于云计算的电子政务信息资源共享系统需要采取科学的思路和措施。[11]

《云计算在电子政务系统中的应用研究》内容涉及云计算、电子政务系统等方面。它分析了云计算应用在电子政务系统的必要性与可行性,提出了电子政务云计算系统的体系结构,并指出云计算给电子政务带来的优势与潜在风险。[12]

《面向信息资源整合的电子政务云平台构建研究》,内容涉及信息资源整合、云平台、云计算等方面。电子政务作为政府信息资源的重要载体,发挥着越来越大的作用。论文探讨了构建以云计算技术为基础的电子政务云平台对电子政务信息资源整合的意义,并对云平台构建过程中的虚拟化阶段、平台搭建阶段以及服务提供阶段的具体内容和相应的技术进行了探索和设计。[13]

《面向公共服务的国外电子政务研究述评》内容涉及公共服务、研究述评等方面。论文讨论了面向公共服务的国外电子政务研究主要阶段关键性研究问题的特点，提出了面向公共服务的电子政务研究框架，并探寻了面向公共服务的电子政务研究的重心。[14]

《国外电子政务与政府管理创新研究概述》内容涉及政府管理创新、行政管理改革、电子民主、政府机构、治理变革、电子政府、通信技术、决策制定、公众服务等方面。[15]

《大数据，大政务，新网络——大数据时代电子政务网络的发展方向》内容涉及大数据、大政务、融合网络、云计算等方面，提出要适应时代发展需求，利用大数据技术来构建电子政务新的阶段——"大政务"。[16]

《〈国家电子政务"十二五"规划〉之解读》内容涉及传统政府、政府管理创新、"十二五"规划、信息化、信息社会等方面。该论文认为规划提出了电子政务发展的基本原则和目标，还对云计算促进电子政务发展提出了明确要求。[17]

《移动电子政务的公众持续使用行为研究》内容涉及移动电子政务、持续使用行为、技术接受模型、信息系统持续使用模型等方面。论文结合以上这些模型对我国移动电子政务的建设提出了建议。[18]

《美国电子政务建设模式探析》内容涉及美国电子政务、建设模式等方面。文献主要从建设中心、建设主体、建设行为、建设层次、建设手段、建设标准等方面对美国电子政务建设进行较全面、系统地分析，归纳出了美国电子政务建设的基本模式，并据此为我国电子政务建设提出一些建议。[19]

《电子政务服务公民采纳模型及实证研究》内容涉及公民采纳、影响因素、实证研究等方面。该论文探查了我国电子政务公民采纳意向的影响因素，认为增强公民对电子政务服务的采纳意向是促进电子政务发展的重要途径。[20]

我国电子政务的研究与外部环境息息相关，电子政务的研究与我国政府信息化进程紧密相连，外部的需求引导了电子政务的研究。

起步阶段电子政务研究成果较少，研究人员也较少且大部分集中在高校和研究院，研究内容集中在电子政务基本理论介绍及电子政务对我国相关机构工作的影响和对策建议，但缺少技术方面的研究。

发展阶段是我国电子政务成果最为丰富也是文献增长最迅速的阶段，文献数量如雨后春笋般涌现，内容主要围绕电子政务系统构建、政府管理模式转变、绩效评价、信息资源管理与共享、服务型政府、信息安全等方面展开，学者们对电子政务内涵的认识更加深入，技术性的研究在这一阶段也有增多，研究者、研究机构之间合作增加很多，涉及的研究角度及方法（包括本体、知识管理、层次分析法、主题法、理论研究、实证研究等）多样化，研究领域涉及信息科学、管理学、经济学、政治学等多个领域。

平稳阶段文献数量较发展阶段有较大下降，经过前期较快发展，研究者们对电子政务的研究趋向理性，发展更为平稳。这一时期，研究者们继续关注电子政务概念、信息安全、绩效评价、政府管理变革、信息资源共享，但是研究视角更加多样化，研究层次更加精细化。研究者们开始利用新的技术方法来研究电子政务，例如，云计算、大数据、政务云、移动政务、知识图谱、元分析法、顶层设计等。此时，电子政务也有了新的应用，如政务微博、政务微信、智慧城市、网络舆情监视等。研究者们开始用全局模式来研究电子政务的发展，并发表了大量电子政务发展建设模式、中外电子政务发展阶段对比、电子政务研究热点和趋势的文章。

参考文献

[1] 李永忠. 电子政务：理论与实践［M］. 北京：北京师范大学出版社，2016.

[2] 冉杨. 我国电子政务建设研究［D］. 重庆师范大学，2007.

[3] 汪玉凯. 中国电子政务的十年回顾与发展展望（1）：中国电子政务发展的三个阶段［J］. 中国信息界，2009（12）：11-13.

[4] 《国家电子政务"十二五"规划学习读本》编写组. 国家电子政务"十二五"规划学习读本. 北京：社会科学文献出版社，2013：12-14.

[5] 易承志. 大都市发展转型与电子政务创新的路径分析［J］. 社会主义研究，2013（2）：78-84.

[6] 侯宝柱，冯菊香，贺灵敏，等. 公众对电子政务信任的影响因素与影响机理研究［J］. 电子政务，2013（8）：91-102.

[7] 汤志伟，赵生辉，贾旭旻. 国内电子政务研究的现状及趋势综述［J］. 电子科技大学学报（社科版），2006，8（2）：39-43.

[8] 党秀云，张晓. 电子政务的发展阶段研究［J］. 中国行政管理研究，2003（1）：21-23.

[9] 吴昊，孙宝文. 当前我国电子政务发展现状、问题及对策实证研究［J］. 国家行政学院学报，2009（5）：123-128.

[10] 杜治洲，汪玉凯. 电子政务与中国公共服务创新［J］. 中国行政管理，2007（6）：

47-50.

[11] 游景晶. 基于云计算的电子政务信息资源共享系统建设研究 [J]. 电子技术与软件工程, 2015 (22): 219-220.

[12] 甘霖. 云计算在电子政务系统中的应用研究 [J]. 无线互联科技, 2017 (16): 80-81.

[13] 耿学涛. 面向信息资源整合的电子政务云平台构建研究 [J]. 中小企业管理与科技, 2019 (19): 177-177.

[14] 孙宝文, 王天梅, 涂艳. 面向公共服务的国外电子政务研究述评 [J]. 国家行政学院学报, 2012 (1): 111-114.

[15] 金湘军. 国外电子政务与政府管理创新研究概述 [J]. 国外理论动态, 2010 (5): 38-43.

[16] 五居伟业. 大数据, 大政务, 新网络——大数据时代电子政务的发展方向 [J]. 经营者, 2016 (8): 47-53.

[17] 宁家骏. 《国家电子政务"十二五"规划》之解读 [J]. 电子政务, 2012 (5): 43-49.

[18] 代蕾, 徐博艺. 移动电子政务的公众持续使用行为研究 [J]. 情报杂志, 2011 (1): 186-189.

[19] 戴昌桥. 美国电子政务建设模式探析 [J]. 中国行政管理, 2010 (6): 100-102.

[20] 蒋骁. 电子政务服务公民采纳模型及实证研究 [J]. 科研管理, 2011, 32 (1): 129-136.

第5章 电子政务研究热点及方法

本章导读

　　电子政务研究热点受政府政策走向、技术水平发展等多方面的影响，不同时期电子政务研究热点不同。当前，电子政务专业数据库日益完备，数据库规模庞大，数据和资料更新速度越来越快。在这种情况下，电子政务研究的定量方法、借助高效软件进行研究显得越来越迫切、越来越重要。

第5章 电子政务研究热点及方法

第1节
电子政务论文的数量分析

20世纪90年代中后期,与电子政务相关研究在国际范围内逐渐兴起。[1]我国电子政务建设历经20多年发展,尤其是进入21世纪后的高速发展,使电子政务学科领域理论研究体系以及方法论体系等都较为完备。梳理这个复杂研究系统的结构和演变过程,并从整体上把握现有的研究热点以及未来的研究方向具有积极意义。[2]

论文的发表状况通常被认为是衡量学科发展水平和科技产出的一项重要指标,也是对科研成就与贡献的一种度量。论文中包含的信息能够较为全面地反映学科研究的热点与动向,前人的一些研究成果可以对后人的研究以及学科建设等方面起到积极的推动作用,有利于科研工作者了解本学科研究前沿,促进学科的繁荣与发展。利用一定的方法对电子政务学科论文进行定量与定性分析,可以从特定的角度来了解学科研究发展水平与动向,把握电子政务研究的热点和发展脉络,促进理论研究及实践创新。

以中国知网数据库(CNKI)为例,用"电子政务"作为主题关键词进行搜索,共搜索到论文34 252篇(截至2019年1月24日)。如图5-1所示,图中反映的是1999—2015年的电子政务论文数量变化情况。数据库虽然并不全面,且大部分是中文论文,但是数据量仍然巨大。由此可见,电子政务研究较为热门,对电子政务相关文献的分析也势在必行。

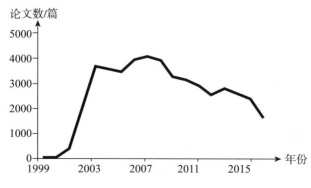

图 5-1　1999—2015 年电子政务论文数

第2节
电子政务研究热点数据来源

目前，国内外开发了大量的学术性专业数据库，研究者们可以通过网络可以快捷地获取文献资料。中文类的有 CNKI、维普数据库（VIP）、万方数据库（WANFANG DATA）、CSSCI 等。外文的有 ScienceDirect、Springer、IEEE 等。就电子政务研究的热点而言，从不同的数据库获取的文献会有所区别，但文献计量的基本程序是一致的。从中文期刊数据库获取的文献主要用于研究国内电子政务研究热点，外文数据库则主要研究国外电子政务研究热点。因而，对于研究者们而言，数据来源的选择主要由要研究的问题决定。

在已有的电子政务热点研究中，研究者们大多使用了 CNKI、CSSCI 或者是 WOS 数据库。WOS 数据库是美国的一个大型综合性、多学科、核心期刊引文索引数据库，包括了三大引文数据库〔科学引文索引（SCI）、社会科学引文索引（SSCI）和艺术与人文科学引文索引（A&HCI）〕在内的十个数据库。由于该数据库收录的文献量很大，而且很多文献计量软件都能直接导入该数据库的文献进行处理，因而备受研究者青睐。

第3节
电子政务研究的方法与工具

当前，学术性专业数据库日益完备，收录了海量的相关文献，数据库规模庞大，采用一定的方法、借助高效的软件针对文献进行挖掘必不可少。下面选取了当前应用较多的一些方法和软件，对其进行简单介绍。

一、研究方法

1. 词频分析

词频分析，就是利用计算机方法对文献的相关信息进行词频统计，包括标题词频分析、关键词词频分析、摘要词频分析、作者词频分析、引文词频分析等。统计得出某一个词的出现频次反映了这个学科的发展情况，包括研究的主题、研究的方法、学术研究的新生长点、一个作者或机构的科研生产力和学术影响力等方面的变化。[3] 词频分析大量应用于科学前沿主题领域和发展趋势等研究。通常而言，出现频次越多的词越热门。

2. 知识图谱

知识图谱也称科学知识图谱，是用于显示科学知识发展进程与结构关系的一系列图形。该方法通过将应用数学、图形学、信息可视化技术、信息科学等学科的理论与方法与计量学引文分析、共现分析等方法结合，利用可视化的图谱形象，清晰地展示了学科的核心结构、发展历史、前沿领域以及整体知识架构，挖掘、分析、绘制和显示了知识之间的相互关系；同时，有助于学者了解和预测科学前沿和动态，挖掘开辟新的未知领域。知识图谱的基本原理是研究单位（科学文献、科学家、关键词等）的相似性分析和测度。知识图谱方法很多，在图谱的绘制中，往往还会将多种方法，如引文分析、共词分析、词频分析、社会网络分析、多元统计分析等结合使用。

3. 共词分析

共词分析就是对文献中一组能表达所研究学科领域主题或方向的专业术语，比如关键词等，共同出现在一篇文献中的情况进行分析，以此确定该学科中各主题之间的关系，进而展现该学科领域的研究结构。一般而言，词汇在同一篇文献出现的越多，则这两个主题的关系越密切。由此，统计一组主题词在同一篇文献中两两出现的次数，便可形成一个由这些词汇对关联所组成的共词网络，网络内节点之间的远近便可以反映主题内容之间的亲疏关系。

当前的文献分析常常以共词分析为原理，结合统计分析方法和可视化软件，用知识图谱将主题间的共词网络呈现出来，通过分析这些主题内容以及它们在知识图谱中的相对位置和距离，探究主题的结构变化和转移趋势，以此分析该学科领域的热点和研究前沿。[4]

4. 引文分析

引文分析是指利用数学及统计学的方法和比较、归纳、抽象、概括等逻辑方法，对科学期刊、论文、著者等各种分析对象的引证与被引证现象进行分析，进而揭示其中的数量特征和内在规律的一种文献计量分析方法。论文著作会引用他人的文献，引文与被引文之间在内容上会有一定的联系，一般而言，在学科领域中的联系会更为密切。对此进行研究，往往可以了解文献间的交叉渗透关系，从而得出学科领域的背景、发展情况、主要成就等。引文分析在知识图谱中被广泛应用，也是知识图谱的基本方法之一。

共被引分析是引文分析的一种。共被引又称共引，就是两篇文献同时被其他文献引用。正常情况下，我们认为共被引用的文献在主题上具有或多或少的相似性，因此共被引的次数可以测度文献在内容方面的相关度。共被引分析就是以此为原理，将一批文献作为分析对象，借由文献之间的亲疏关系进行聚类，形成错综复杂的共引网络，进而揭示研究领域的研究主题和知识基础。

5. 社会网络分析

社会网络分析法（Social Network Analysis，SNA）是一种定量研究方法，用于研究社会成员之间的关系。该方法是将社会网络分析理论、图论等数学基础理论运用到社会学、生物学等领域研究中的一种重要社会学方法论。社会网络是指一组行动者及其关系的集合，由行动者所代表的一组节点与代表了相互间关系的连线构成。一组行动者可以是人、社区、群体、组织、国家等，他们的关系模式反映出的现象或数据是网络分析的焦点。社会网络分析就是对一组行动者的关系进行研究，将社会结构界定为一个网络，把网络由成员之间的联系进行连接。社会网络分析更多地聚焦于成员之间的联系而非个体特征，并把共同体视为"个人的共同体"，即视为人们在日常和生活中所建立、维护并应用的个人关系的网络。

社会网络分析方法被广泛地用于学科领域研究中，在合著网络的研究、引文网络的研究、关键词共现的研究等方面取得了一定的成果。目前，用于社会网络分析的软件种类不少，最为常用的是UCINET和Pajeck。

6. 多元统计分析

在学科热点与前沿分析中，常常会用到多元统计分析，它也是构建知识图谱的基本方法之一。多元统计分析是统计学的一个分支，是在多个对象或指标相互关联的情况下对若干相关的随机变量观测值的分析。多元统计分析的一个显著特征就是降维，将高维空间的目标投影到低维目标。多元统计分析主要方法包括聚类分析、多维尺度分析和因子分析。

（1）聚类分析

通俗地讲，聚类分析就是"物以类聚"，将一系列分析对象根据彼此之间的相似性进行分类，使得同一类群中的个体尽可能相似，而不同类群中的个体尽可能地不同。随着聚类分析的应用与技术的进步，现在的聚类分析通常都是借助计算机来定义某一种相似性测度方法，将大量的分析对象划分成少量的类群。

聚类分析应用广泛，这里我们需要的是文献聚类分析。文献聚类分析是根据文献之间的相似度进行划分的，因为主题相近的文献相似性较高；反之，则相似性较低。在聚类分析中，根据研究需要可以选择关键词或者引文等作为分析对象。

（2）多维尺度分析

多维尺度分析（Multi Dimensional Scaling，MDS）是分析研究对象的相似性或差异性的一种多元统计分析方法。采用 MDS 可以创建多维空间感知图，图中的点（对象）的距离反映了它们的相似性或差异性。MDS 一般在两维空间，最多三维空间比较容易解释，它可以揭示影响研究对象相似性或差异性的未知变量——因子的潜在维度。

MDS 可以通过低维空间展示文献之间的关联性，并利用距离表示文献间的相似度。MDS 的图形相对而言更形象、直观，在学科领域研究中，研究者往往会将 MDS 与聚类分析或者因子分析相结合，进行知识图谱的绘制。MDS 一般借助通用统计软件实现，如 SPSS、SAS 等。

（3）因子分析

因子分析使用少数几个因子来描述多个指标之间的关系，即将较密切的几个变量归为一类，每一类变量成为一个因子，以较少的几个因子来反映原资料的大部分信息。在学科研究中，因子分析可以以关键词为研究对象，首先对关键词之间的相关性进行测算，根据测算的结果将研究对象的变量分组，一组变量就是一个公因子，分组的原则是让相关性较高的变量位于同一组内。这样，相对来说，不同组的变量相关性就低了。将研究对象分为不同的因子，就会降低工作量，让较少的因子去体现大量的文献信息。[5]

二、常用软件

在热点与前沿分析中，使用上述的各种方法或将其结合使用，并以知识图谱来呈现往往会取得较好的成果。这些方法需要借助软件得以实现。目前,绘制知识图谱的软件很多,依据的方法不尽相同,各有侧重,它们主要分为两大类:专用软件与通用软件(如表5-1所示)。表5-1中列出了一些主要的软件,同时,选取了使用最为广泛的几种软件进行介绍。

表 5-1 数据分析软件介绍

软件名称	类型	数据预处理	支持格式	分析方法
SPSS	通用	无此功能	矩阵格式	聚类等统计图
CiteSpace	专用	时间切片、数据和网络的缩减	WOS数据库中的.TXT格式,用软件转化了的CSSCI、CNKI格式	社会网络、突发检测、时序分析、空间地理分析
UCINET	通用	无此功能	矩阵格式	社会网络
Pajek	通用	无此功能	自身的Ⅰ-mode和Ⅱ-mode,UCINET的.DL格式,genealogical的.GED格式,MAC(Mac Molecule)的MOL格式	社会网络、时序分析
HistCite	专用	无此功能	WOS数据库中的.TXT格式	时序分析
TDA	专用	有(包括多个独立叙词库,能够快速、自动地将导入的数据进行清理,形成统一、通用的数据集合)	符合要求的.TXT、.XLS、.DAT等格式	聚类分析、关联发现、时间序列、突发检测等
BibExcel	专用	数据和网络的缩减	WOS数据库中的.TXT格式,用软件转化了的CSSCI、CNKI格式	社会网络
VOSviewer	专用	无此功能	WOS数据库中的.TXT格式	社会网络、社区检测

1. CiteSpace

CiteSpace是由美国陈超美博士研制开发的科学文献分析工具,软件基于Java程序,具备精确的文献梳理功能并可自动绘制可视化图谱,直观展示随着时间的推移文献的动态特征与演进趋势。该软件基于科学中的"科学前沿"和"知识基础"间的时间对偶概念,并实现了两个互补的视图:聚焦视图和时区视图。

研究前沿系指临时形成的某个研究课题及其基础研究问题的概念组合,

也是正在兴起或突然涌现的理论趋势和新主题,代表一个研究领域的思想现状。CiteSpace 的首要目标就是利用可视化技术进行突发趋势和技术预测分析。在 CiteSpace 中,采用乔恩·克莱因伯格的突变检测算法来确定研究前沿中的概念,其基本原理是统计相关领域论文的标题、摘要、关索词和文献记录的标识符中的词汇频率,根据这些词的词频增长率来确定哪些是研究前沿的热点词汇。根据这些术语在同一篇文章中共同出现的情况进行聚类分析后,可以得到研究前沿术语的共现网络。CiteSpace 是国内使用最为广泛的知识图谱专用软件。

2. HistCite

HistCite 是 SCI 的创始人尤金·加菲尔德及其同事开发的可视化引文图谱分析软件。该软件能够对 SCI、SSCI 和 A&HCI 等数据库的引文数据进行计量分析,用编年图的方式展示某一领域不同作者、不同期刊、不同文献之间的关系,直观反映文献之间的引用关系、作者传承等内容,快速绘制出一个领域的发展历史,定位出该领域的重要文献,以及最新的文献。

3. UCINET

UCINET 是菜单驱动的 Windows 程序,也是知名的和经常被使用的处理社会网络数据和其他相似性数据的综合性分析程序。UCINET 提供了大量数据管理和转化工具,能够处理的原始数据为矩阵格式。该程序本身不包含网络可视化的图形程序,但与其捆绑的 Pajek、Mage 和 NetDraw 等软件能够对处理结果作图,以可视化形式呈现。UCINET 是包含大量包括探测凝聚子群(cliques,clans,plexes)和区域(components,cores)、中心性分析(centrality)、个人网络分析和结构分析在内的网络分析程序。

4. SPSS

SPSS 是一个通用的统计软件,在文献分析,特别是早期的文献分析中有着大量的实践。SPSS 软件能够对引文进行多维尺度分析、聚类分析、因子分析等操作,分析结果以图像的形式呈现。基于 SPSS 软件的多维尺度分析结果较为清晰明了,而聚类分析的结果可视性较差。随着通用知识图谱软件越来越完善,SPSS 在文献分析中的应用逐渐减少。

第4节
国内外电子政务研究的热点

我国学术界对于电子政务热点与前沿的研究大概起源于20世纪末，2009年后相关文献逐渐增多，尤其是近几年，基于各种方法的电子政务热点研究、文献计量层出不穷。以CNKI数据库为例，以"电子政务＋热点研究""电子政务＋文献计量""电子政务＋知识图谱"或者"电子政务＋可视化研究"等作为主题词的搜索量逐渐增多。2010年至今有完全相关的中文文献120余篇。研究者们采用了多种方法，应用不同工具进行了热点分析。

大量的研究者对电子政务研究的热点进行了研究，不尽相同的文献来源、不同的方法增强了研究结果的准确性。通过对已有的研究结果进行总结，我们能够得出国内外的热点走向以及当前的热点。

我国电子政务发展至今，研究领域从最初的政府信息资源领域不断扩展、延伸，研究范围逐渐拓宽，研究热点集中在政府信息化、政府信息资源管理、政府门户网站（包括政府建设、绩效评估等）、服务型政府、电子治理、政府信息安全、信息公开、政务舆情、移动政务、政务云、大数据、智慧政府等方面。研究频率较高的热点集中在政府信息资源管理、绩效评价、信息技术等方面。

一、国内电子政务研究的热点

李有仙等以2005—2014年的CSSCI来源期刊中关于电子政务研究的文献以及《电子政务》杂志近十年的2775条文献数据作为研究对象，采用CiteSpace软件进行可视化分析，绘制了知识图谱。研究显示，近十年的电子政务热点为政府信息化、政府信息资源管理、政府网站建设、政府公共服务、政府信息公开等，近年来的热点为政务社交媒体和云计算以及大数据。[6]

张敏等选取了2004—2013年的CSSCI数据库中964篇与电子政务相关主题的文献作为样本展开分析，利用多维尺度分析方法将电子政务研究划分为几个主要的研究主题群，再通过社会网络分析方法以五年为周期构建了电子政务领域的热词网络并展开分析。分析结果显示，政务微博、移动政务、以政府门户网站为中心的电子政务绩效评估以及电子政务的公共服务研究是未来需要研究者关注的重要研究领域。[7]

孙晓明等用"电子政务"作为篇名关键词在CNKI数据库进行检索,共计检索出2008—2012年间文章2898篇。结果显示了信息资源整合与共享、绩效评估、信息安全等关键词出现的频率较高形成了研究热点,文章对这三个热点进行了探讨分析。同时研究结果也透视出电子政务研究开始从一般性综合研究转向专项研究、从理论研究转向服务和保障研究的趋势。[8]

邢杰等以CNKI数据库为数据来源,经挑选收集了五年(2007—2010年)国内电子政务研究领域高频关键词,借助共词分析法,运用SPSS软件,探索和分析了电子政务的研究热点和结构。通过分析,文章将国内电子政务研究领域划分为三大区域:电子政务服务研究领域、电子政务实施管理的相关研究领域和电子政务相关技术的应用研究领域。[9]

钱岳芳等对CSSCI数据库中2000—2009年电子政务方面论文进行筛选,得到640篇论文。文章用元分析方法,对这些论文从研究主题、研究方法、参考学科和研究层次四个角度进行了统计分析。分析发现,研究热点主要集中在电子政务信息资源管理、信息资源整合、绩效评估和对策建议等方面。元分析方法是运用测量和统计分析技术,总结和评价已有研究的一种定量分析手段。[10]

二、国外电子政务研究的热点

我国学者对国外电子政务热点也进行了大量研究。在对国外电子政务进行研究的过程中,大部分的学者都采用了WOS(SCIE、SSCI、CPCI-S、CPCI-SSH)数据库作为文献来源。

宋艳秋等以WOS数据库中收录的2005—2015年的电子政务领域的1922篇的国外文献作为数据采集的样本,运用知识可视化软件CiteSpaceⅢ,分别就文献的发表机构、关键词进行分析,绘制了国际电子政务领域的知识图谱。知识图谱显示了电子政务研究的热点为电子政务管理、用户服务采纳、信息技术以及服务等模式的创新与发展。[11]

程赛琰等在WOS数据库中以2012年4月作为截止时间,对检索所得的2232篇电子政务相关学术论文进行了初步的文献计量学研究,并选用CiteSpaceⅡ为可视化分析工具进行知识图谱分析。文章指出了电子政务研究主要的内容为电子政务的实现、电子政务评估、电子政务用户、电子政务电子信息资源保存和电子政务的标准与规范五大类。[12]

张璇等以2000—2011年WOS数据库收录的3000篇国际电子政务研究文献为样本，提取有效关键词构建共词矩阵，采用共被引分析、引文分析、共词分析等方法，利用CiteSpace和VOSviewer绘制出知识图谱，形成以Moon、Layne、Jaeger、West、Norris、Carter等为代表的知识地图。文章认为电子政务研究的基本思想体系正在构建起来，并从关键词树形图和密度视图中挖掘出五个主要的研究热点，即基于信息技术创新的电子政务研究、电子政务系统模型构建研究、面向用户的电子政务服务、电子政务在政府治理中的管理实践及电子政务中的知识管理理念。[13]

董伟等在研究中收集2006—2010年国外电子政务文献，利用共词分析法和SPSS软件，分析得出的国外电子政务研究三大领域为：电子政务用户相关研究、电子政务建设实施管理研究、电子政务相关技术的应用研究。[14]

曾润喜等以 *Government Information Quarterly* 为文献来源进行研究。文章采用内容分析法，对2007—2011年的251篇学术性论文及社论进行分类，梳理文献研究重点，分析研究特点和研究状况，找出了五个研究主题和方向：电子政务基础理论、电子政务的实践应用、政府信息管理、电子政务的技术基础，以及电子政务的发展过程和前景。[15]

三、CiteSpace软件介绍与电子政务研究热点分析实例

1. CiteSpace软件介绍

在科学文献研究中，每一种不同的软件对于文献数据的格式都有着严格的要求，CiteSpace软件同样如此。在CiteSpace软件中，WOS数据库的检索结果输出格式与CiteSpace软件要求的数据格式相符合，其文献数据可以直接导入使用，这也是在文献分析中，使用CiteSpace软件的研究者往往采用WOS数据库作为数据来源的原因。而我们常用的中文文献数据库CNKI和CSSCI导出数据不能直接使用，首先需要进行格式转换，这需要用到CiteSpace软件自带转化程序。

下面简单介绍CiteSpace软件的功能，软件主界面如图5-2所示。

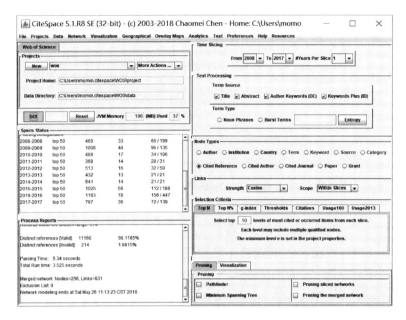

图 5-2 CiteSpace 软件主界面

(1) 新建项目 (Projects)

在左上角的 Projects 区，单击 New 按钮建立数据文件。在数据分析项目开始前，首先要建立两个文件夹。Project Home 用于项目保存，存放软件运行过程中生成的分析内容及图谱；Data Directory 是数据存放文件夹，用于存放所要分析的数据文件，该软件要求文件夹中的文件必须以".TXT"文本格式存放。

(2) 时间切片 (Time Slicing)

在主界面右上角区，有时间跨度和时间片长度两项参数。时间跨度是指所分析的文献发表的年份范围，取值由引文年份分布和分析者所关注的时间段决定。时间片长度是对整个时间跨度的划分，以年为单位，最短为一年，最长为整个时间，通常采用等长时间片。软件在进行分析过程中，每个时间片都会形成一个单独的共词网络，软件再根据时间顺序整合形成知识图谱。

(3) 节点选择 (Node Types)

节点选择区提供了 CiteSpace 软件能够进行分析的节点种类，包括作者、机构、国家、主题词、关键词、引文等。研究者可以根据不同的研究目的进行勾选。需要注意的是，该软件分析 CNKI 数据库的文献时，不能进行引文分析，CNKI 数据库导出的文献信息不包含参考文献字段。

（4）阈值设定（Selection Criteria）

CiteSpace 在单个时间分区按阈值控制网络节点数量，满足阈值条件的引文才能可视化，有 Top N、TopN%、Threshold Interpolation、Select Citers 共 4 种设定方式。

①Top N：系统设定 N=30，意为在每个 time slice 中提取 30 个被引次数最高的文献，N 设定得大则生成的网络将相对更全面一些。

②Top N%：将每个 time slice 中的被引文献按被引次数排序，保留最高的 N%作为节点。

③Threshold Interpolation：设定三个 time slices 的值，其余 time slices 的值由线性插值赋值。三组需要设置的 time slices 为第一个、中间一个和最后一个。每组中的三个值分别为 c，cc 和 ccv。c 为最低被引次数，只有满足这个条件的文献才能参加运算。cc 为本 time slice 内的共被引次数，ccv 为规范化以后的共被引次数（0—100）。

④Select Citers：与以上方法不同的是这个方法先选施引文献，然后再使用前面三个方法之一进行运算。

（5）修剪图像（Pruning）

Pruning 区这一选项主要用于对生成的图像进行路径的寻找、发现最小生成树和修剪产生的网络，留下最主要的枝干。

（6）可视化（Visualization）

可视化主要用于确定产生图像聚类时是使用动态方式还是静态方式；同时，也可以选择是按时间片来分开不同时间段的图像，还是融合到一起来表现。

2. 国内电子政务研究热点分析实例

本部分以 CiteSpace 为工具，绘制国内电子政务研究知识图谱，从而对研究热点进行分析。分析采用的数据来源于 CNKI 数据库，使用了"主题=电子政务"进行检索，设定时间跨度为 2002—2016 年，设定文献来源为 CSSCI，共选取期刊文献 3332 篇。为了保证分析结果准确性，检索出的文献需要人工筛选：一是剔除会议通知、期刊目录、征稿启事等不相关文献，二是剔除早期不含关键词的不规范文献以及新闻报道等非正式文献，以确保发现结果的有效性。经筛选，剩余文献 3010 篇，历年分布情况如表 5-2 所示。

表 5-2　CNKI 数据库中电子政务论文的分布情况（2002—2016 年）　　单位/篇

年份	2002	2003	2004	2005	2006	2007	2008	2009	2010	2011	2012	2013	2014	2015	2016
文献数	70	137	122	165	191	191	207	242	217	197	336	309	253	212	161
累积量	70	207	329	494	685	876	1083	1325	1542	1739	2075	2384	2637	2849	3010

CNKI 的文献数据必须以 Refworks 格式导出（如图 5-3 所示）。该格式的输出信息不含参考文献，不能做引文分析。

图 5-3　CNKI 中文献输出 Refworks 界面

将导出的信息放入 CiteSpace 进行格式转化（如图 5-4 所示）。原本每个文本中含有的上百条文献信息被自动拆分，变成每个文本文件中只含有一篇文献信息。

CiteSpace 主题词类型为名词短语时可以表达研究热点，分析首先对关键词的频次进行了分析（如表 5-3 和图 5-5 所示），选取频次高于 30 的关键词生成关键词的知识图谱。2002—2016 年期间共有 38 个关键词出现了 30 次以上，这些高频词直接反映了这 15 年间的电子政务领域的研究热点。因为筛选文献时就是以"电子政务"作为主题词的，故"电子政务"在关键词中出现的频率很高，分析研究热点时，应将这一项去除，所以在知识图谱中将其隐藏。

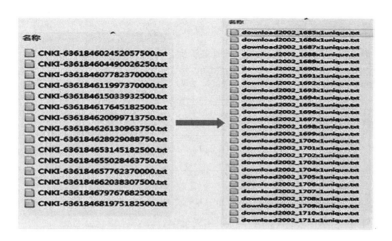

图 5-4　CiteSpace 中文件转换图

表 5-3　CNKI 数据库电子政务文献中频次高于 30 的关键词（2002—2016 年）

关键词	频次	中心性	关键词	频次	中心性
电子政务	1772	0.76	管理体制改革	47	0.12
公共服务	160	0.07	信息共享	46	0.05
政府网站	132	0.08	网络舆情	45	0.01
电子政府	100	0.22	地方政府	45	0.02
信息化	95	0.08	知识管理	45	0.03
服务型政府	89	0.05	云计算	42	0.03
公共管理	80	0.05	智慧城市	41	0.04
信息资源	80	0.09	行政改革	39	0.07
电子治理	72	0.04	行政管理	39	0.09
信息社会	71	0.03	政府管理创新	37	0.07
信息公开	71	0.08	政府信息化	36	0.05
政府信息资源	64	0.15	信息技术	36	0.08
政府信息公开	61	0.02	顶层设计	35	0.01
绩效评估	60	0.09	互联网	34	0.02
大数据	58	0.02	政务信息	34	0.05
政务微博	58	0.03	移动政务	33	0.05
政府信息	54	0.05	政府门户网站	33	0.05
信息安全	52	0.21	政务信息资源	33	0.06
信息服务	47	0.02	政府管理	33	0.07

第5章 电子政务研究热点及方法

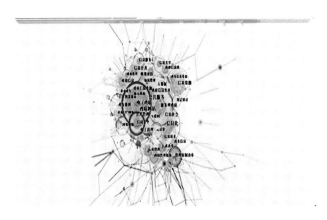

图 5-5 CNKI 数据库电子政务文献关键词知识图谱（2002—2016 年）

由表 5-3 可以看出，公共服务、政府网站、信息化、服务型政府、信息资源、绩效评估、大数据、政务微博等关键词出现的频次均超过了 50。图 5-5 的知识图谱以大节点的形式呈现关键词出现频次，该知识图谱中节点越大，则关键词出现频次越高，即为研究热点。表 5-3 中另一个指标是中心性，这一衡量指标同样很重要。中心性高的点往往位于连接两个不同聚类的路径上，起着"桥梁"的作用。在图 5-5 中，中心性高于 0.1 的节点将呈现出明显的连接和中介作用，值得重点关注。图谱显示的结果基本与之前文献的总结相符合，排除各研究者在文章来源、研究的时间段、选用的方法与软件以及阈值参数的选取等方面存在的差异，其结果可以说是相同的。

根据分析结果，结合已有文献的研究成果，我们可以将电子政务的一众热点进行分类。第一类是政府信息资源等，主要包括政府资源的管理、利用与共享，是政府提供的信息服务；第二类是政府服务，包括公共服务、服务型政务建设、政务微博、移动政务等，是电子政务的宗旨体现；第三类是政务工程管理，包含网站建设、绩效评价、管理改革等方面；第四类是信息技术与安全，是电子政务实施领域所涉及的技术层面的内容。

如图 5-6 所示，CiteSpace 还可以用来做共词时区视图。时区视图同样反映了电子政务热点，除此之外，还能体现每个热点大概的时间走向。从图中可以看出，上文第一类热点出现的时间较早，主要集中在 2010 年前。第二类的政府服务热点一直较为热门，但也有所变化，早期研究者大多进行公共服务、服务型政府等传统概念的研究，而随着社会技术发展，移动政务、政务微博等服务方式成为近几年该类别的主要研究点。第三类政务工程管理方面，政府网站和管理体制改革在 2003 年左右开始研究，随后又有管理创新、绩效评价等方面的研究，主要还是集中在 2010 年前。第四类信息技术一直伴随着电子政务的发展而发展，随着技术手段变化，近年来云计算、大数据技术较为热门。

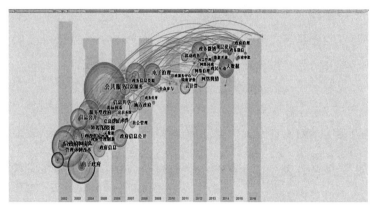

图 5-6　CNKI 数据库电子政务研究共词时区视图（2002—2016 年）

3. 国外电子政务研究热点分析实例

如图 5-7 所示，孙宇等做了 WOS 数据库 2002—2014 年电子政务研究共词时区视图。该分析数据源是 WOS 数据库中主题为"E-government""egovernment""electronic-government"和"digital government"的合并，共计找到 12 597 条数据。[16]

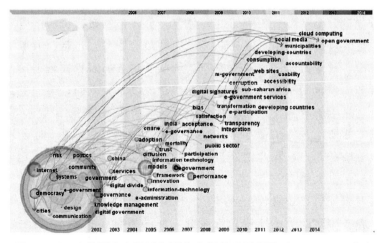

图 5-7　WOS 数据库电子政务研究共词的时区视图（2002—2014 年）

国外的电子政务热点大体上和国内相似,当然也有不同之处。国外电子政务研究的热点可以归结为电子政务模型架构研究、用户研究、政府网站研究、信息技术以及政务服务等方面。

4. 国内外电子政务研究热点对比

对比国内外的电子政务研究,我们不难发现,政府门户网站是共同的热点,因为门户网站是政府服务的窗口,是电子政务实施的载体。但是同样是对政府门户网站的研究,国内外研究者的研究焦点却有所区别,国内的研究往往集中在政府网站信息资源或者绩效评价上,而国外的研究更倾向于研究网站的用户体验。总体而言,国外电子政务更注重用户体验,体现服务本质。

政府信息资源与信息安全也同样一直受到国际的关注。政府拥有社会信息资源的80%,对政府信息资源的有效管理与利用,受到了各个国家、各级政府的高度重视。政府拥有海量信息,同时这些信息往往还带有一定的机密性,然而电子政务是依赖于互联网而存在的,加上各种外部接口,易造成信息安全隐患。其信息安全问题,如敏感信息的泄露、黑客的侵扰、网络资源的非法使用以及计算机病毒等,都将对政府机构信息安全构成威胁。

相比于国内研究者对电子政务概念与信息技术的热衷,国外有着大量的电子政务模型架构研究,这是对电子政务方法论层面的考量,而国内研究涉及不多。

从上文两个时区视图可以看出,国外的研究是早于国内的,符合发达国家电子政务发展起步较早的事实。但是近几年的热点,国内外较为同步,如云计算、大数据、政务社交媒体等。

5. 电子政务研究的发展趋势

对于研究者而言,时刻把握学科领域的前沿与发展趋势非常重要。前沿、发展趋势是近年来受到学者们关注的、并成为热门的研究方向,研究者只有了解前沿,把握趋势,才能知道学科的发展动向,避免自己的研究方向过于陈旧、失去价值。

电子政务研究 2015—2016 年两年间的关键词知识图谱如图 5-8 所示。该图显示,大数据、"互联网+"、政务微博、政务微信以及智慧城市等新概念受到了较高的关注,图中的节点较大,中心性指标也较高。由当前这些概念的热门度，我们可以预测，在未来的一段时间内，这些概念将继续引领学者们的研究走向。

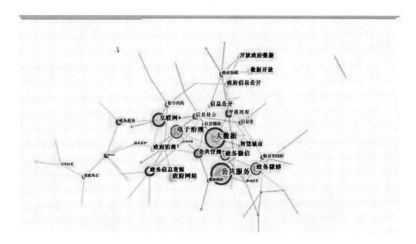

图 5-8　电子政务研究关键词知识图谱（2015—2016 年）

参考文献

[1] BRYAN R. E-government literature Review [J]. Journal of E-government，2006，3（1）：69-110.

[2] [7] 张敏, 吴郁松, 霍朝光. 我国电子政务的研究热点与研究趋势分析 [J]. 情报杂志，2015（2）：137-141.

[3] 汤建民. 基于中文数据库的知识图谱绘制方法及应用：以创新研究论文的分析为例 [M]. 杭州：浙江大学出版社，2010.

[4] 李运景. 基于引文分析可视化的知识图谱构建研究 [M]. 南京：东南大学出版社，2009.

[5] 梁玉磊. 国内图书馆联盟及研究态势分析 [D]. 曲阜师范大学，2013.

[6] 李有仙, 颜海, 赵跃. 基于CSSCI的国内电子政务研究知识图谱分析 [J]. 电子政务，2016（4）：112-121.

[8] 孙晓明, 张春颖, 卢时雨. 电子政务研究热点分析 [J]. 情报科学，2014（11）：156-161.

[9] 邢杰, 董伟, 姚路明. 基于关键词统计的国内电子政务研究现状分析 [J]. 情报杂志，2012，31（1）：115-118.

[10] 钱岳芳, 张可, 张毅. 基于元分析法的国内电子政务研究特征分析 [J]. 情报杂志，

2011, 30 (4): 43-48.

[11] 宋艳秋, 洪文峰. 基于 CiteSpace Ⅲ 的国际电子政务领域可视化分析 [J]. 科技创业月刊, 2016, 29 (8): 14-15.

[12] 程赛琰, 丁磊, 魏淑娟. 基于知识图谱分析的电子政务研究现状、热点与趋势 [J]. 图书与情报, 2013 (1): 116-123.

[13] 张璇, 苏楠, 杨红岗, 等. 2000—2011 年国际电子政务的知识图谱研究: 基于 CiteSpace 和 VOSviewer 的计量分析 [J]. 情报杂志, 2012, 31 (12): 51-57.

[14] 董伟, 贾东琴. 国外电子政务研究进展分析: 基于共词分析方法的研究 [J]. 图书情报工作, 2011, 55 (21): 125-129.

[15] 曾润喜, 黄靖. 电子政务的国际研究特点及启示: 基于 Government Information Quarterly 期刊的分析 [J]. 情报杂志, 2013, 32 (6): 90-94.

[16] 孙宇, 高敏, 石永玮. 热点及变迁: 十余年来中外电子政务研究的比较分析 [J]. 电子政务, 2015 (3).

第6章 电子政务论文摘要及文献综述撰写方法与规范

本章导读

摘要和文献综述是电子政务论文中十分关键的组成部分。

摘要的结构和内容已经程序化、结构化了,它要求简明扼要地说明研究活动的目的、方法和最终结论。文献综述的"综"就是要求对文献资料进行综合分析、归纳整理,使材料更加精练和明确,更富有逻辑层次;"述"即是要求对综合整理后的文献进行比较专门、全面、深入、系统的论述。

第6章 电子政务论文摘要及文献综述撰写方法与规范

第1节
电子政务论文摘要的撰写方法与规范

一、摘要的类型、特点及作用

论文摘要是论文的重要组成部分,它是对论文的内容不加注释和评论的简短陈述。论文摘要的结构和内容已经程序化、结构化了,它要求简明扼要地说明研究活动的目的、方法和最终结论。论文摘要是一篇具有独立性和完整性的短文,其重点是结论。论文摘要一般位于论文正文之前。

根据内容的不同,论文摘要可分为以下三大类:报道性摘要、指示性摘要和报道指示性摘要。

1. 报道性摘要

报道性摘要也被称作信息性摘要或资料性摘要,其特点是全面、简要地概括论文的目的、方法、主要数据和结论,或者简要提炼段旨句,并达到扼要并且有逻辑性地揭示论文全貌的作用。这种摘要可部分地取代阅读原文。

2. 指示性摘要

指示性摘要也称说明性摘要、描述性摘要或论点摘要,一般只用三言两语概括论文的主题,而不涉及论据和结论,多用于综述、会议报告等。这一类摘要主要用于帮助潜在读者来决定是否需要阅读全文。

3. 报道指示性摘要

报道指示性摘要以报道性摘要的形式表述论文中的信息价值较高的那部分内容,以指示性摘要的形式表述其余部分。

论文摘要的作用主要有两方面:便于读者了解论文的主要内容,知道作者研究的课题是什么,采用了哪些研究方法和研究手段,取得了哪些主要成果或进展,是否具有创造性、创新性等;为其他研究者检索和利用研究论文提供帮助,使他们能够通过数据库查到论文,并且在阅读论文之前对论文的基本内容、主要观点有所了解。

二、论文摘要的内容

论文摘要是一篇论文的概述,尽管篇幅很小,但它却是一篇论文的精华所在，一般由具体研究的对象、方法、结果、结论四要素组成。

对象指的是研究调查的具体的主题范围，体现出论文的论述内容、要解决的主要问题等。

方法指的是对研究对象进行研究的过程中所采用的各种途径，如原理、理论、条件、材料、工艺等，是完成研究对象的必要手段。

结果指的是采用研究方法对研究对象进行实验、研究所得到的结果、效果、数据和被确定的关系等，是科研所得的成果。

结论包括作者对结果的分析、研究等，是结果的总结，体现研究结果的可靠性、实用性、创新性，体现论文的学术价值与学术水平，是论文价值的集中体现。

三、论文摘要的撰写步骤与技巧

论文摘要作为一种特殊的陈述性短文，撰写步骤也与一般的文章有所不同。它需要用重要的事实开头，突出论文新的信息，即新立题、新方法、结论与结果的创新性等。这些信息要能完全、准确地回答摘要的四要素所涉及的问题，语句要精炼。摘要中涉及他人的工作或研究成果的，尽量列出他们的名字，将这些零散信息组成符合语法和逻辑规则的完整句子，再进一步组成通畅的短文，并且反复通读短文，反复修改，最终形成言简意赅的摘要。

英文摘要是进行国际交流的窗口，如果撰写得不地道、不全面、不规范，不但会成为登载论文的中文期刊被国际重要检索机构收录的阻碍，而且也会影响论文的传播效果。美国科学信息研究所（ISI）出版的《科学引文索引》（SCI）就要求科技期刊给出所有的作者和作者单位，提供规范、地道的英文摘要。因此，作者按照目标期刊要求所撰写的英文摘要必须做到内容原创性，语言简洁、规范，信息全面具体，英文摘要应包括文题、作者姓名、作者单位、电子信箱、电话、摘要内容和关键词等。

可以通过以下几点来提高论文摘要的写作技巧。

第一，阅读一些高水平学术期刊的论文摘要，仔细研究一下他人撰写论文摘要的方法和技巧。

第二，与教师和同学讨论自己的论文摘要，并根据提供的意见和建议进行修改和完善，逐步使自己撰写摘要的能力达到更高水平。

第三，摘要的文字叙述要完整，要有逻辑性，结构要合理，在简短的篇幅下尽量做到语言简练且优美。

第四，从小从专，就是摘要撰写者在选择和提炼摘要的时候，要从专业出发，从小处入手，切忌全而不专、大而空泛。

四、论文摘要的撰写规范

论文摘要一般不以数字开头。

英文摘要与中文摘要可以略有不同。论文摘要以主题概念不遗漏为原则，中文摘要字数一般为200—300个字，英文摘要一般为100—150个单词。

论文摘要须用第三人称，不得简单重复题名中已有的信息，如此会使摘要显得冗长且没有价值。

论文摘要所用的语言要规范和标准，除了实在无法替代之外，一般不用数学公式和化学分子式，不出现插图、表格。

五、电子政务论文摘要撰写范例

1. 《2001—2014年引文分析领域发展演化综述》

(1) 目的/意义

了解引文分析领域的发展状况，以领域知识载体之一——期刊文献为研究对象，通过知识单元特征描述和知识单元聚类层次结构，发现该领域知识发展的脉络和演进轨迹。

(2) 方法/过程

文章以2001—2014年汤森路透WOS数据库结构化的二次文献信息1166条作为数据源，以信息计量学作为理论基础，利用统计分析、信息计量和分析复杂引文网络的社会网络分析方法，借鉴数据挖掘算法和处理工具技术，描述领域知识体系的特征。

(3) 结果/结论

文章从宏观与微观两个维度，以静态和动态两种方式，利用知识基础与研究前沿的时变对应，通过理论与实践的统一，准确地描述引文分析领域发展的宏观层次结构特征和微观节点属性、静态分布特征和动态演化规律、奠基性的基础理论和突破性的研究前沿。[1]

2.《我国电子政务发展面临问题及其症结分析——以2014年电子政务省部调研数据为例》

(1) 目的/意义

电子政务已成为目前推进国家治理体系和治理能力现代化的重要组成部分，从国家经济社会发展全局的角度来推进和提升电子政务发展阶段，已成为深化行政管理体制改革以及促进政府职能转变的迫切需求和必然选择。

(2) 方法/过程

文章简要归结了中国电子政务十几年来取得的成绩，以省部调研数据为例，通过实证分析详细梳理了电子政务发展目前面临的若干问题。

(3) 结果/结论

文章从统筹协调、部门协商、法律保障三个维度剖析了深层次的症结原因，以期为进一步推进中国电子政务改革和发展提供有益的决策参考。[2]

3.《电子政务接受度研究——基于TAM与TTF整合模型》

(1) 目的/意义

电子政务公众接受度低，严重影响着电子政务建设的有效性和公众对电子政务公共服务的满意度，文章试图找出影响电子政务公众接受度的因素。

(2) 方法/过程

文章在TAM与TTF（Task Technology Fit，任务技术匹配模型）的整合模型的基础上，进行了有用认知与易用认知两个方面的分析。

(3) 结果/结论

影响电子政务公众接受度的因素主要有：服务获取渠道的便利程度、系统的可操作性、电子政务服务的一站式水平、公众对电子政务的认知度等。政府必须加大对公共网络基础设施的投入，加大公共服务管理系统的建设力度，了解公众需求，提供公众需要的公共服务，并积极推广电子政务宣传工作。[3]

4.《2015年国际电子政务研究的主题与趋势——基于社会科学引文索引（SSCI）数据库分析》

(1) 目的/意义

随着信息技术日新月异，电子政务发展也与时俱进。为及时把握电子政务最新研究方向，文章进行了相关分析研究。

（2）方法/过程

文章选取了 2015 年 SSCI 数据库与电子政务主题相关文献作为样本，展开分析。

（3）结果/结论

电子政务领域研究最新主题与趋势为：公民参与的公共服务系统建设研究、电子政务评估与电子政务可持续发展研究、基层电子政务与参与型电子社区发展研究、移动电子政务发展研究。[4]

第 2 节
电子政务论文文献综述撰写方法与规范

几乎所有的研究论文、学术报告和课题申请都离不开撰写综述，电子政务研究也不例外。

一、文献综述的类型、特点及作用

文献综述，英文称之为 survey、overview、review 是指研究者对某一领域或关于某一问题的文献资料进行的提炼、综合、概括并在此基础上所做的叙述与评论，是在对某研究领域的文献进行广泛阅读和理解的基础上，对该领域研究成果的综合和思考。一般认为，学术论文没有综述是不可思议的。我们需要将文献综述、研究项目和论文写作背景描述区分开来。

文献综述有两种：一种是所谓的大综述，它是关于一个领域的文献的总结、概括和评价；另一种是所谓的小综述，它不是为了向其他人介绍前沿，而是为了推出自己的论述和模型，是以述带论，就是说明现有的研究状况如何，缺漏在哪里，我准备做的工作是什么。所以，小综述并不强求全面细致，而是侧重介绍与自己的研究直接相关的文献。在学术研究尤其是大型论文（硕士、博士论文）中，文献综述具有非常重要的地位。论文的选题是否合理、可行，最终论文的质量如何，在很大程度上都直接取决于前期的文献综述的质量。

文献综述的特点就是"综"和"述"。"综"就是要求对文献资料进行综合分析、归纳整理，使材料更加精练和明确，更富有逻辑层次；"述"即是要求对综合整理后的文献进行比较专门、全面、深入、系统的论述。总而言之，文献综述是作者对某一方面问题的历史背景、他人工作、争论焦点、研究现状和发展前景等内容进行评论的科学性论述。

文献综述不应是材料的罗列，而是对亲自阅读和收集的材料加以归纳、总结，做出估价和评论，并由提供的文献资料引出重要结论。一篇好的综述，应当是既有观点，又有事实，"有骨有肉"的好文章。由于综述属于三次文献，不同于原始论文（一次文献），所以在引用材料方面，也可包括作者自己的实验结果、未发表或待发表的新成果。

文献综述的内容和形式灵活多样，无严格的规定，篇幅大小不一。大的综述可以是几十万字甚至上百万字的专著，参考文献可以列出数百篇乃至数千篇；小的综述也许仅有千余字，只列数篇参考文献。

文献综述的目的或作用有以下几点。

1. 了解研究主题

文献综述能够使研究者们以及其他读者熟悉某一研究领域或某一研究主题的相关研究的演变、最新进展以及存在的问题。由于文献综述是在撰写者阅读、分析和研究了关于某一领域、某一主题相关的文献，特别是经典文献之后撰写出来的，因此，通过阅读文献综述，人们可以高效、准确地了解某一研究领域、某一研究主题的过去、现在和未来。

2. 借鉴研究方法

文献综述可以帮助我们学习和借鉴他人好的研究方法，了解他人是如何界定基本和关键概念的。文献综述中的文献并非都是高质量的，但通过比较也可以发现那些真正高质量的好作品，从而学习他人的研究方法，思考自己的研究路径。

3. 发现问题

文献综述既可以发现研究中的不足与尚未解决的问题，又可以明确未来研究的问题以及发现解决问题的大致方向。任何学术研究应当是知识的增量积累而非简单地存量盘活。拼凑甚至抄袭是学术研究的大忌。然而，任何研究都是建立在前人基础上的，文献综述可以使研究者们充分发现前人已有研究的不足、缺陷及改进的可能性，从而为自己未来的研究提供问题，确定思考的方向。

查找、辨别、分析和研究文献是高质量文献综述的前提和基础。以下几点可以帮助我们辨别文献质量的高低：

①所涉及的问题是否已经清楚的列出；
②论述是否可信、有条理；
③结论是如何被一步一步地分析总结出来的；
④结论是否代表学科发展的最新方向；
⑤研究思路是否被很多人认可；
⑥研究成果被多少人引用，什么人在引用；
⑦文献中的研究有无发展前景；
⑧文献中的结果或结论有无意义或重要性如何；
⑨文献中的研究其背后的假定条件是否可行和可实现；
⑩文献中的研究所采用的方法论是否是当前公认的。

总之，我们在阅读文献时一定要对其进行分析、判断、评价，一定要用批判的眼光去分析、鉴别和研究文献。

假如文献不足，怎么撰写综述呢？这种情况很有可能出现，如果文献很少，就不足以支撑我们所要研究的领域或者主题。文献很少可能有以下几种情况：

①你所研究的领域或者主题是一个学术前沿；
②你所选择的学术视角太过狭窄以至于文献很少；
③你所选择的领域或者主题根本没有学术价值和研究价值。

出现这种情况，就需要修正研究计划。

二、文献综述撰写步骤

美国旧金山大学教育学院教授劳伦斯·马奇和美国加利福尼亚资深的中学英语、历史教师布伦达·麦克伊沃提出了文献综述的六步模型，将文献综述的过程分为六步：选择研究领域或者主题、文献收集、展开论证、文献研究、文献批评和综述撰写。[5]

1. 选择研究领域或者主题

电子政务研究文献数量很多，因此确定文献综述的研究领域或者主题是非常重要的。因为这样的领域或者主题很可能就是今后研究的课题。当然，真正的研究课题可能会比文献综述的主题小，也可能比它要大。确定文献综述的领域或者主题的大小要考虑时间因素与文献因素。如果领域或者主题太大，涉及的文献总量太多，牵扯的问题过多，短时间内就很难完成；如果领域或者主题太小，又会出现文献太少，失去综述的意义。

2. 文献收集

原始文献与二手文献甚至三手文献、四手文献的本质区别就在于可信度不同，原始文献具有更高的可信度，而二手文献、三手文献、四手文献的可信度差很多。判断某一文献是否属于原始文献需要从以下几个因素入手。

(1) 文献所讨论的问题是否是该作者所在国的问题

英国学者论现代政府白皮书、中国学者研究"三金工程"等，这样的文献才是原始文献。而英国学者探讨"政府上网工程"的论文，原则上属于二手文献。

(2) 作者的学术声望

有很高学术声望的学者的文献一般属于原始文献。当然，也不排除徒有虚名的可能性，或者专业性、学术性不强的情况也不少见。

(3) 时效性

一篇文献中使用的资料、数据越新，该文献属于原始文献的可能性越大。

(4) 出版社的专业声誉

一些出版社在某些学科领域的专业水平还是公认的，经过这些出版社发表的研究成果，为一手文献的可能性较大。

(5) 实践性资料

实践性的第一手文献，还要包括指导性案例、各种调研报告、统计数据等，如果没有这些资料，则很可能不是原始文献。

(6) 论文与图书并重

由于论文多已上网，可以通过相应的数据库检索。有人只收集网络上的文献，而不去图书馆等机构查阅印刷型文献。

3. 展开论证

展开论证也就是为文献综述建立论证方案。论证方案包括论断、论据和推理三个部分。论断就是限定陈述的范围。论据要求准确、可信、权威和有说服力。推理就是以严密的逻辑形式呈现论据,能够说服读者认同结论或者论断。

4. 文献研究

文献研究需要掌握以下方法:
①对收集到的全部文献进行筛选、辨别和分类。
②先阅读原始文献,再阅读二手文献。这样就可避免落入先入为主的错误,尤其是研究者对某个领域或者主题还陌生的时候。
③先阅读新文献,再阅读旧文献。这是因为新文献往往参考了先前的文献,如此可快速把握相关知识。

5. 文献批评

文献批评是对有关研究领域或者主题的已有知识加以阐释,并探讨这些知识是如何说明和解决问题的,还有哪些问题没有解决,是否出现新问题,最终目的是找出拓展某一领域知识的新方向。

6. 综述撰写

文献综述撰写的过程可以分为三个阶段,即撰写、审核和修改。这样做的目的是让他人完整、清晰地理解自己的研究主题和研究计划。

三、文献综述的撰写方法

1. 五步文献综述法

约翰·W. 克雷斯威尔是美国内布拉斯加林肯大学教育心理学教授,专门从事定性研究、定量研究和混合研究设计,以及教育学、社会科学和家庭临床医学中方法论方面的研究。他认为,文献综述应由五个部分组成,即序言、主题1(关于自变量)、主题2(关于因变量)、主题3(关于自变量和因变量)、总结。他提出了著名的文献综述撰写方法,被称为克雷斯威尔五步文献综述法。[6]

(1) 序言

序言是告诉读者文献综述所涉及的几个部分,这一段是关于章节构成的陈述。

(2) 主题 1

综述主题 1 要提出关于一个或多个自变量的学术文献。在几个自变量中，只考虑几个小部分或重要的单一的自变量。

在此主题下仅论述关于自变量的文献。这种模式可以使关于自变量的文献和因变量的文献分别综述，显得一目了然。

(3) 主题 2

撰写综述主题 2 需要收集关于一个或多个因变量的学术文献。这样做虽然可以得到多种因变量，但是论述时只写每一个变量的小部分或仅关注单一的、重要的因变量。

(4) 主题 3

综述主题 3 要论述的是包含了自变量与因变量的关系的学术文献。这是综述中最棘手的部分。这部分应该相当短小，并且包括了与计划研究的主题最为接近的思路。或许没有关于计划研究的主题的文献，这就需要尽可能地找到与主题相近的文献，或者综述在更广泛的层面上提及的与主题相关的研究。

(5) 总结

总结必须强调最重要的研究，抓住综述中重要的主题，指出为什么我们要对这个主题做更多的研究。所以，结语不仅要对文献综述进行总结，更重要的是找到我们自己的研究的基础，也就是我们自己的研究的出发点。

克雷斯威尔五步文献综述法最难的是关于主题 3 的综述。一是由于我们阅读量不够，找不到最相关的文献。二是由于分析不深入，致使我们无法通过文献找到他人研究的缺陷或者局限性，当然也就找不到我们自己的研究基础或者出发点。

2. 文献综述的撰写步骤

根据克雷斯威尔五步文献综述法，我们进一步详细叙述文献综述的撰写方法如下。

(1) 前言

撰写前言要用 200—300 个字的篇幅，提出问题，包括撰写目的、意义和作用，综述问题的历史、资料来源、现状和发展动态，阐述有关概念和定义，以及选择这一专题的目的和动机、应用价值和实践意义，如果属于争论性课题，则要指明争论的焦点所在。

（2）主体

文献综述的主体部分主要包括论据和论证。通过提出问题、分析问题和解决问题，比较各种观点的异同点及其理论根据，从而反映作者的见解。为把问题说得明白透彻，可分为若干个小标题分述。这部分应包括历史发展、现状分析和趋向预测几个方面的内容。

①历史发展。对历史发展的论述要按时间顺序，简要说明这一课题的提出及各历史阶段的发展状况，体现各历史阶段的研究水平。

②现状分析。现状分析主要是介绍国内外对本课题的研究现状及各派观点，包括作者本人的观点。此部分要将归纳、整理的科学事实和资料进行排列和必要的分析。对有创造性的理论或假说要详细介绍，并引出论据；对有争论的问题要介绍各家观点或学说，进行比较，指出问题的焦点和可能的发展趋势，并提出自己的看法。对陈旧的、过时的或已被否定的观点可从简；对一般读者熟知的问题只要提及即可。

③趋向预测。在纵横对比中肯定所综述课题的研究水平、存在问题和不同观点，提出展望性意见。这部分内容要写得客观、准确，不但要指明方向，而且要提示捷径，为有志于攀登新高峰者指明方向，搭梯铺路。

主体部分没有固定的格式，有的按问题发展历史依年代顺序介绍，也有按问题的现状加以阐述的。不论采用哪种方式，都应比较各家观点及论据，阐明有关问题的历史背景、现状和发展方向。主体部分的写法有下列几种：

①纵式写法。纵式写法要写明研究了哪些问题，取得了什么成果，还存在哪些问题，今后发展趋向如何。这些内容要把发展层次交代清楚，文字描述要紧密衔接。撰写综述不要孤立地按时间顺序罗列事实，不要把它写成流水账。纵式写法适合于动态性综述。

②横式写法。横式写法就是对某一研究领域或主题在国内外的各派观点、各家之言、各种方法、各自研究成果加以描述和比较。这种写法适合于介绍最新研究成果的综述。论述研究现状或者研究中存在的缺陷，一般也采用横式写法。

③纵横结合式写法。这是指在同一篇综述中，同时采用纵式与横式的写法。例如，写历史背景采用纵式写法，写目前状况采用横式写法。无论采取何种写法，都必须做到：一要全面、完整地收集文献；二要分析透彻，综

恰当；三要层次分明，条理清楚；四要语言简练，详略得当。最后，文献综述还要有总结，主要是对主体部分所阐述的主要内容进行概括，重点评议，提出结论，最好是提出自己的见解，提出赞成什么、反对什么。

四、文献综述撰写技巧

撰写文献综述时还需要讲究以下技巧。

1. 瞄准主流

主流文献，如该领域的核心期刊、经典著作、专职部门的研究报告的观点和论述等，是做文献综述的"必修课"。而多数大众媒体上的相关报道或言论，虽然也有一定的价值，但研究者们时间精力有限，可以从简。怎样摸清该领域的主流呢？建议从以下几个途径入手。

一是利用图书馆的中外学术期刊，找到一两篇"经典"的文章后就可以顺藤摸瓜，找出更多具有参考价值的文献。质量较高的学术文章，通常是不会忽略该领域的主流、经典文献的。二是利用学校图书馆的"中国期刊网""外文期刊数据库检索"和外文过刊阅览室，查找一些较为早期的经典文献。三是利用国家图书馆的资源，有些20世纪七八十年代甚至更早出版的社科图书，学校图书馆往往没有收藏，但是国家图书馆则收藏最为齐全。不仅如此，国家图书馆还收藏了很多研究中国政治和政府的外文书籍，从互联网上可以查到。

2. 随时整理

在撰写文献综述的过程中，可以对文献进行分类，记录文献信息和藏书地点。有的论文写作需要很长时间，有的文献看过了当时不一定有用，事后想起来却找不到，所以记录是很有必要的。同时，对于特别重要的文献，不妨做一个读书笔记，摘录其中的重要观点和论述。这样可以积累大量有价值的资料，随时取用。

3. 按照问题来组织文献综述

看过一些文献以后，我们有很强烈的愿望要把自己看到的东西都陈述出来。但是在大量文献中做取舍是比较难的，因此，在做文献综述时，头脑要保持清醒：我的研究要解决什么问题，他人是怎么解决问题的，在所有成果或者结论中哪些是可靠的、重要的。

综述是我们查阅相关文献的成果，任何研究都要建立在前人的研究基础之上，并且要遵守学术传统，而不是闭门造车。我们必须告知读者，关于这个问题前人研究到了什么程度、有什么缺陷、应该在哪些方面进行拓展，同时也表明了自己论文的价值所在。任何与论文相关的重要成果都应当在综述中得到体现，并且在参考文献中列出。综述不是概述，不能泛泛地引用和概括，要扬弃，特别是对文献及其内容要有批评。一般而言，综述写作的好坏与否可以看出作者是否对该领域下了功夫，因为作者需要广泛阅读，才能理解不同论文在关键假设和模型上的主要分歧。高质量的综述本身也是一篇好论文。[7]

五、文献综述的撰写规范

文献综述要全面、准确和客观。在文献综述的撰写过程中，首先要全面、准确地"综"。也就是说，在查阅某一领域或者某一主题的已有的文献时，一定要提高查全率，尤其是不能遗漏该研究领域的国内外知名学者的研究成果以及该领域的经典文献，这是确保文献综述质量的基础。切忌不能有选择地搜集文献并对其综述，否则，文献综述的结论可信度就会大打折扣。只有在全面综述文献的基础上，我们的研究结论和创新点才会具有可信度。因此，全面综述文献是非常重要的，尽量避免使用别人对原始文献的解释或综述。为了使文献综述准确，最好查阅第一手文献资料，看二手文献很容易产生错误。其次是客观地"述"，即是在评述已有研究成果时，评述一定要以已有研究的文献为依据，不能脱离文献进行评述，要客观地说明已有研究的状况。[8]

具体而言，文献综述必须遵循以下规范。

（1）为了使选题报告有较充分的依据，应在论文撰写或者开题之前作文献综述。

（2）在做文献综述时，作者应系统地查阅与自己的研究领域或者主题有关的国内外文献。通常阅读中外文文献不少于30—50篇。

（3）在文献综述中，作者要说明自己研究方向的学术史、前人的主要研究成果、研究的局限性及本领域或主题的发展趋势等。

（4）文献综述要条理清晰、逻辑严密、文字通顺简练。

（5）文献资料使用要恰当、合理。文献引用要注明。

（6）文献综述中不但要叙述前人的研究成果及结论，也要有自己的观点和评论。撰写者必须做到多发现问题、多提出问题,并指出分析、解决问题的可能途径。

(7) 文献综述一般不少于3000字。

六、电子政务文献综述范例

古谦在题为"服务型政府电子政务绩效评价体系研究——以地级市电子政务为例"的学位论文中对相关文献进行了较为全面的述评。[9]

1. 国外电子政务绩效评价体系研究成果

国外学者克瑞斯汀等人认为,美国联邦政府所创建的电子政务绩效评价指标制度,实际上进行的就是网站易用性以及信息内容的相关评价工作。就该项指标制度来说,评价服务范围就是最为主要的信息内容,而服务质量则代表的是评价易用性。

学者史密斯在对前人研究基础之上,与当时新西兰政府门户网站的创建现状进行了结合,就电子政务绩效评价体系的设计与创建,提出了两个一级指标内容,其一为信息内容指标,其二则是易用性指标。

学者凯勒等人从市民角度出发,对城市政府电子政务所提供的各项服务以及信息功能进行了调研,并就其网络纳税功能以及在线GPS等方面进行了评价指标设计与创建,如客户服务、信息与再现参与、交流以及登记与许可证等。

学者贝克则对电子政务内容的六个维度内容都有所涉及,它们分别为在线服务、用户帮助、访问深度、信息构建、导航、合法性。从这六个维度对美国30多个地区的政府电子政务内容加以评价以及研究。

学者高斯科思等人重点进行了政府一站式电子政务服务评价的研究与分析。换而言之也就是对六个维度信息——服务透明度、用户友好性、服务请求、定位服务的容易程度、服务请求的响应时间、服务结果获取能力,进行了研究与分析。

2. 我国电子政务绩效评价指标体系研究现状

自2002年以来,关于我国电子政务绩效评价研究报告以及测评制度纷纷出现,大多数研究报告的观念以及思想基本都是对国外研究成果的调整与改进,并无太大创新。

学者张鹏刚与胡平对我国西部地区电子政务进行了调查与研究，并围绕该地区"省政府门户网站建设""省级政府职能部门网站建设"和"省、地(市)、县(区)三级政府网站的连通性"三方面进行了有针对性的评价设计与分析。

学者张高兴与曾宇航则进行了多个城市及地区电子政务的横向对比，以及电子政务建设水平的重心原则研究，并实现了相应的评价指标体系创建，共提出了三个一级指标：一是信息服务能力，权重比例为40%；二是在线服务实现度，权重指标与信息服务能力相同；三是公众参与，权重指标20%。在这三者之中，信息服务能力之下，还存在三个二级指标，分别是：信息导航能力、城市信息、政务公开度。在线服务实现度存在两个二级指标，分别是：单位服务和个人服务。最后则是公众参与，并不存在二级指标划分。

学者张锐昕等人通过评价规模，对电子政务绩效评价指标进行了层面划分，其一是综观指标，其二是微观指标，其三则为宏观指标。在这三者之中，最后者产生于国家层面的高度之上，主要绩效评价对象就是全国电子政务建设的现状，希望能够实现对电子政务现状的了解与明确，并对其与当前我国经济社会发展间的关联性进行研究。最前者存在两个主要对象，一是某一个区域，二是某一层级政府，主要任务就是进行两者的电子政务建设现状评价及有关工作。最后则是微观指标，其对象为单个电子政务项目以及网站，主要进行电子政务系统安全保障性能以及服务功能的评价，除此之外，在电子政务的社会效益以及经济效益上也都有所涉及。

学者丁疆辉、路紫以及吴建民则对省级政务电子政务进行了研究，并就政府与企业，以及政府与个人的服务功能评价制度创建方面有所探讨。

学者孙松涛与蔡伟杰提出了电子政务绩效评价方法的六个维度，分别是：持续改善度、服务成熟度、信息透明度、公众参与度、使用友好度、环境支撑度。

学者杨国栋与张锐昕则从政府职能履行角度出发，创建了基于职能的电子政务绩效评价指标体系，并就当前我国十个城市的政府电子政务实行现状进行了研究与评价，希望能够获取到政府电子政务运行的详细信息，并对其建设以及政府职能转交的契合度进行探讨，从而实现技术支持方案的创建。

新浪网在2003年推出了《中国地级市电子政务研究报告》，提出了评价政府门户网站的指标体系，就网络信息、网络办事、时效性、隐私性、对外服务、上网安全、影响度、主办单位、承办单位、技术支持单位等12个一级指标33个二级指标进行评价。

国脉互联政府网站评测研究中心与中国社会科学院信息化研究中心举行的"2015中国智慧政府发展年会",发布了中国政府网站绩效评价排名,其中地级市是从信息公开、在线服务、互动交流、体验与创新、附加项等五个方面进行评价。

国家信息化领导小组委托计世资讯公司,发布《中国城市政府网站评估主题报告》,同时进行了网站内容服务、网站服务功能、网站建设质量标准提出。

中国IT治理研究中心也对政府演化历程进行了相关调查与研究,并得到了政府的五项主要社会功能,分别为服务、决策、集中、管理、安全。该研究中心在这五项社会功能基础之上实现了电子政务评价指标创建,并对我国全部省、自治区、直辖市政府的电子政务网站都实行了在线测评,包括384个地州市电子政务网站和466个县市区电子政务网站。

综观全球电子政务测评活动,虽然目前在电子政务绩效评价指标体系方面产出的研究成果很多,且一些体系都经过了不少案例测评检验,然而从整体来看,这些评价指标及其权重的科学性及可操作性等还需进一步优化。为了更加全面、完整地构建电子政务绩效评价指标体系,我们需要对可能涉及电子政务绩效评价的其他评价方法开展相关研究。这其中有些评价方法来自社会实践、公共调查、非政府组织等活动的评价实践,他们在评价思路、体系框架、指标设置、权重构成等方面的经验值得借鉴。

参考文献

[1] 万昊,谭宗颖,鲁晶晶,等. 2001—2014年引文分析领域发展演化综述[J]. 图书情报工作,2015,59(6):120-136.

[2] 翟云. 我国电子政务发展面临问题及其症结分析:以2014年电子政务省部调研数据为例[J]. 中国行政管理,2015(8):13-18.

[3] 杜治洲. 电子政务接受度研究:基于TAM与TTF整合模型[J]. 情报杂志,2010,25(5):196-199.

[4] 杨兰蓉,邰颖颖. 2015年国际电子政务研究的主题与趋势:基于社会科学引文索引(SSCI)数据库分析[J]. 现代情报,2016,36(11):140-145.

[5] 马奇,麦克伊沃. 怎样做文献综述:六步走向成功[M]. 陈静,肖思汉,译. 上

海：上海教育出版社，2011：1-103.
[6] 克雷斯威尔．研究设计与写作指导：定性、定量与混合研究的路径［M］．崔延强，译．重庆：重庆大学出版社，2007：20-37.
[7] 布斯，韦洛母，威廉姆斯．研究是一门艺术［M］．陈美霞，徐毕卿，许甘霖，译．北京：新华出版社，2009：84-100.
[8] 张黎．怎样写好文献综述：案例及评述［M］．北京：科学出版社，2008：6-7.
[9] 古谦．服务型政府电子政务绩效评价体系研究：以地级市电子政务为例［D］．湖南师范大学，2016.

第7章

■ 电子政务文献信息的

收集、组织与分析

本章导读

文献研究法都是最基本的研究方法，电子政务研究也不例外。

文献收集是第一步。首先，要确定文献收集的范围；其次，要做好其他文献收集的准备工作；最后，根据已拟定的研究方案和目的，进行文献收集。

文献组织是第二步。一般情况下，收集到的文献资料非常庞杂，必须经过整理才能很好地为研究服务。

最后一步是文献分析。

第1节
文献研究的过程

电子政务研究的一个重要基础就是文献研究。一般而言，文献研究的过程包括以下几个阶段。

1. 确定研究目的和问题

研究目的和问题不同，文献收集、描述的范围必然不同，文献分析的重点也必然不同。所以文献研究的首要工作就是要确定自己研究的目的和问题。同时还要明确文献研究法在这项研究中是当作辅助性的研究方法，还是作为一种独立的研究方法来使用，因为这会直接影响文献收集、整理、解读及分析的侧重点和方法。

2. 文献收集

文献收集的步骤如下。

首先，确定文献收集和描述的范围。这里的文献范围是指文献的内容范围、时间范围和文献的类别。其次，做好收集文献和描述文献的准备工作。取得与掌握有关文献的单位或个人的联系方式，设计文献的收集和描述大纲。最后，根据已拟定的研究方案和目的，进行文献收集。文献收集的途径主要有两个：一个是向拥有这些文献的个人索取；另一个是到特别的收藏地或档案馆取得（建议利用网络进行收集）。无论使用哪种方法，在收集文献时都要注意鉴别文献的真伪，深入考察文献的来源和可靠程度；同时要注明文献的来源，以保证引用文献的规范性，避免侵犯他人知识产权的情况出现；还要在时间和经费允许的情况下，适当扩大文献收集的范围，以保证能够收集到较为完整和系统的文献。

3. 文献组织

刚刚收集到的文献资料非常庞杂，必须经过整理才能很好地为我们所要进行的研究服务。资料整理就是为了使搜集到的大量粗糙、杂乱的原始资料系统化，从而揭示事物或现象的本质及内在规律。在小课题研究中，资料整理首先是对所获资料进行检查、核实，并对错误和遗漏加以修正、补充；然后是将其分类编码,再进一步综合简化。文献的整理要掌握以下原则:一是条理化,即整理文献和整理后的文献要有一定的时序,整理后的文献不能是散乱的和无规律可循的;二是系统化,即文献整理要有一定的逻辑,整理后的文献之间要有一定的相关性,成为一个有机的整体;三是简明化,即要保证整理后的文献是研究最需要的。

4. 文献解读

文献的解读一般包括两个阶段:第一个阶段是浏览,就是争取在较短的时间内能够简单了解整理好的文献的基本内容和特点,不需要掌握、理解和记忆其具体内容。浏览的目的一方面是要了解已有文献的全貌,确定这些文献对研究的价值和意义;另一方面是分辨出文献哪些部分的研究价值和意义最大,为以后的精读做好准备。因此,浏览的速度要快,可以通过阅读内容摘要、文献的开头和结尾部分以及每一段的主题句等方法提高阅读的速度。第二个阶段是精读,即理解性阅读。通过精读,深入理解和掌握文献中对研究有价值和意义的内容,同时要做出正确而客观的评价。这个阶段既是理解的过程,又是概括和再次升华的过程。在这个阶段既要把文献内容同自己的研究课题结合起来,同时还要有效鉴别文献的真伪和内容的可靠程度。

5. 文献分析

文献分析包括统计分析与理论分析。前者主要是定量分析,采用的主要方法是统计方法和模拟法;后者则是定性分析,包括逻辑分析、历史分析、比较分析、系统分析等,采用的主要方法是比较法和构造类型法。所谓构造类型是指依据经验或思辨性思维从资料中抽象出理论概念,然后利用这种概念将所研究的社会现象划分为各种类型,如权威类型、角色类型等。社会科学研究还会使用一些特殊的定性分析方法,如结构分析、功能分析、社区分析、阶级分析、角色分析等。任何研究都离不开定性分析,但具体采用哪些分析方法是由研究目的和理论假设决定的。

上述过程并不是一种直线式的过程,根据研究的需要常常重复其中的某个环节。例如,在分析阶段觉得收集的文献不充分,就需要重新收集文献、梳理文献和阅读文献。在这样一个不断重复的过程中,不断概括和明晰自己研究的问题,最终形成研究报告。必须指出的是,在整个文献研究方法使用的过程中，必须对所采用的任何资料持有一种科学的质疑精神和批判态度，这是保证文献资料准确性的前提。

第2节
电子政务文献信息的收集

一、文献信息收集的来源

1. 从互联网获取

查阅文献资料及各大资源网站的资料是电子政务研究中最主要的资料来源。通过对文献信息的收集、整理、分析和研究，可以使研究领域或主题更加清晰，研究计划更加具体，研究成果更具创新性。这一过程也被称为"站在巨人的肩膀上"进行研究。

2. 通过实地调查获取

做实地调查前要考虑用这种方式获取材料的必要性和可行性，不能盲目进行。确实需要进行调查的，应根据研究课题和调查的目的、对象、内容、时间、地点和方法等，拟定调查提纲，并要取得调查对象的同意后才能进行。实地调查的方式较多，如参观、问卷、座谈、专访、抽样等，可采取典型调查、专题调查、普遍调查等方法，调查方式和方法也可以是几种形式的组合。

3. 从历史博物馆、档案博物馆中获取

这类文献材料一般都具有机密性，在互联网数据中也通常不会被公开，通过查阅相关的历史博物馆、档案博物馆资料，可以有效地获得第一手资料，掌握更加真实的材料。但是这类资料的获取通常不太容易，需要尽可能多的外界的支持与帮助。

二、文献信息的收集范围

1. 第一手材料

第一手材料包括与论文课题直接相关的材料等，如统计材料、典型案例、经验总结等，还包括自己在实践中缺乏的感性材料。这是论文提出论点、主张的基本依据。没有这些材料，撰写的论文就只能成为毫无实际价值的空谈。对第一手材料要注意保存完善，同时要注意其真实性、典型性、新颖性和准确性。

2. 他人的研究成果

他人的研究成果是指国内外对该课题学术研究的最新动态。撰写论文不是凭空进行的，而是要在他人研究成果的基础上进行。因此，对于他人已经解决了的问题我们就可以不必再花精力进行重复研究，可以以此为出发点，从中得到启发、借鉴和指导。对于他人未解决的或解决不圆满的问题，则可以在他人研究的基础之上继续研究和探索。切忌只顾埋头写作，不管他人的研究。

3. 边缘学科的材料

在当今的信息时代，电子政务的知识体系呈现出与多门学科相结合的状态，政务关系需要处理各个行业的问题。对边缘学科的材料进行分析，对于电子政务的研究是相当有益的。大量的研究实践表明，不懂得一些边缘学科知识、不掌握一些边缘学科的材料，就很难写出高质量的论文。

4. 背景材料

对不同国家电子政务的研究，背景材料有其重要的地位。各国国情不同，发展阶段不同，电子政务建设的政策和策略也有所不同，如适用于美国的电子政务研究放在中国的社会体系中不一定能起到非常好的效果。搜集和研究背景材料有助于开阔文章思路，全面研究相关领域。例如，在政务网站的发展研究中，要结合每个国家不同的发展背景、政治、经济、文化等各个不同的体系加以深入剖析。

三、文献信息收集的标准

1. 针对性

针对性是有目的地针对一个主题完成材料的撰写。

2. 方向性

方向性是在一定线索下收集文献信息，找准研究方向。

3. 范畴性

范畴性是指在某个范畴下收集文献信息，这是材料使用的前提。

4. 真实性

真实性是说要选择真实的材料，真实才能具有说服力。

5. 对应性

对应性要求收集到的文献信息能与观点对应，能证明自己的观点。

6. 新颖性

只有收集新颖的材料，才能证明自己结论的新颖。如源头都不够新，那么结论肯定不能满足当今时代的需求。

四、文献信息收集的原则

1. 文献查新

文献查新是文献检索和情报调研相结合的情报研究工作，它以文献为基础，以文献检索和情报调研为手段，以检出结果为依据，通过综合分析，对查新项目的新颖性进行情报学审查，写出有依据、有分析、有对比、有结论的查新报告。也就是说，查新是以通过检出文献的客观事实来对项目的新颖性做出结论。因此，查新有较严格的年限、范围和程度规定，有查全、查准的严格要求，要求给出明确的结论。查新结论具有客观性和鉴证性，但不是全面的成果评审结论。这些都是单纯的文献检索所不具备的，也有别于专家评审。

2. 文献择优

文献择优主要的方式就是按被引次数来排序，被引用的次数越多，则证明文章的质量越好；另外可以参考期刊的影响因子，通过期刊的质量来控制文章的质量。

3. 文献查全

最容易产生新知识的地方其实是跨学科的接合处，对于同一领域不同学科背景下的理论可以适当地了解一下，不同的研究方法和视野会让你站得更高、看得更远。

五、收集文献信息时要注意的问题

收集文献信息时要注意以下五个方面的问题：

第一，选择有效的检索词。

第二，选择适当的数据库。

第三，先国内，后国外。

第四，注意资料的时间和被引率。

第五，随时整理检索到的资料，阅读筛选。

六、文献信息查找的方式

1. 基本查找和追踪查找

（1）基本查找

CNKI 数据库是学校电子资源的标配，因此，我们可以利用这个资源进行基本查找。进入学校图书馆主页，点击常用数据库下方"CNKI 中国知网"，选择"中国期刊全文数据库"，以默认的账号和密码登录（限校内 IP），在检索项中有篇名、作者、关键词、单位、摘要、被引文献、支持基金、全文、文献来源等（如图 7-1 所示）。

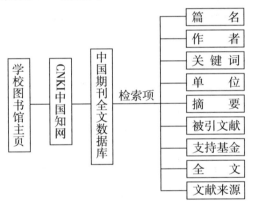

图 7-1 文献信息的基本查找

（2）追踪查找

追踪查找是指在下载的论文中，进一步检索该篇论文后面的参考文献。如搜索到论文《电子政务发展过程中政府与公务员的博弈分析》时，可以进一步深入检索该篇论文的参考文献，以及与论文作者的相关文章（如图 7-2 所示）。

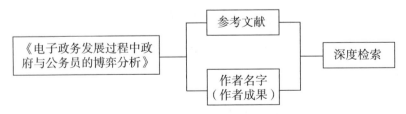

图 7-2 文献信息的追踪查找

第7章　电子政务文献信息的收集、组织与分析

2. 索引逆差法和引文追溯法

（1）索引逆差法

索引逆差法是指，在使用索引工具书查询文献资料时，按课题检索的时间范围，由近及远地查找文献。这种方法适合全面获取资料的情境。

（2）引文追溯法

引文追溯法是以检索到的与课题相关的文献为起点，通过这些文献的引文、注释以及附录、参考文献进行追踪查找。这种方法适用于文献线索很少的情况，其缺点是获得的文献往往不全面。

七、论文资源的获取

学术资源主要包括图书、期刊、报纸、科技报告、会议论文、学术论文等。在论文查询过程中，我们应针对所查课题分析确定文献类型：

(1) 如果属于基础理论性探讨，要侧重于查找期刊论文、会议论文。
(2) 如果是尖端技术研究开发，应侧重于科技报告。
(3) 如属于发明创造、技术革新，则应侧重于专利文献。
(4) 如为产品定型设计，则需要利用标准文献及产品样本。

学术资源的查找渠道众多，以下试列出较为常用的论文资源数据库（如表7-1所示）。

表7-1　论文资源分布图

来源	网址	简述
中国知网	http://www.cnki.net/	中国知网是"中国国家知识基础设施工程"的简称，它是以实现全社会知识资源传播共享与增值利用为目标的信息化建设项目。中国知网收录了中国期刊、博硕士论文、报纸等各种重要的知识信息资源
万方数据库	http://www.wanfangdata.com.cn/index.html	由万方数据公司开发，包括期刊、会议纪要、论文、学术成果等的大型网络数据库，其中仅期刊就集纳了理、工、农、医、人文等7600种期刊论文
百度学术	http://xueshu.baidu.com/	是百度公司提供的学术资源搜索平台，包含各类学术期刊、会议论文
读秀	http://www.duxiu.com/	数据库中有电子版的书，在输入关键词的情况下可以查书及其他文献中的内容
唧唧堂	http://www.jijitang.com/	会对外文文献内容做一些基础的翻译，可以加快外文文献的甄别速度

续表

来源	网址	简述
OpenStax College	https://openstaxcollege.org/	电子书资源
The Old Reader	https://theoldreader.com/	提供期刊订阅功能,当有相关新论文发表时,论文就会被置顶,方便跟踪相关领域研究动态

1. 中国知网

作为中国学术界最为知名的期刊网站,知网拥有权威的学术资源。研究者开始研究时,中文期刊检索大多以知网为主,万方数据库、百度学术等资源为辅,这样基本能查询到所需的资源。

2. 万方数据库

随着近几年不断地完善,万方数据库也继知网之后推出了一些区别于知网的功能。例如,万方数据库中的知识脉络分析,可以帮助初入电子政务研究学科的研究人员,快速了解电子政务在近十几年来具体的发展如何、出现的关键词都是哪些等相关问题。

如图7-3所示,在万方数据库中的知识脉络分析模块输入关键词"电子政务",点击知识脉络检索,会显示电子政务自发展以来的年度命中数随时间的变化曲线,以及每一年所对应的研究热词。

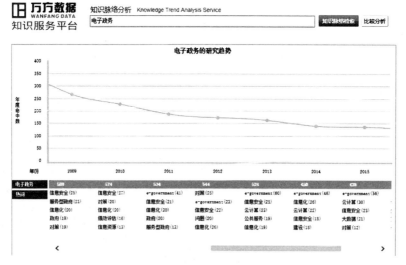

图7-3 万方数据库知识脉络检索图

知识脉络分析中的热词还可以放入万方数据库进行比较分析。如先通过知识脉络分析出电子政务发展历程中的热词为"大数据""智慧城市""服务型政府",如需要进一步观察它们在各个时期的发展状况,在同一个坐标中的对比情况,便可以在搜索框中输入大数据、智慧城市、服务型政府等关键词,点击比较分析,得出这三个热词的发展规律(如图7-4所示)。

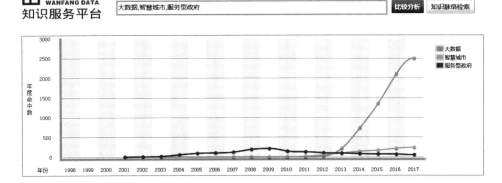

图7-4　万方数据库比较分析图

但是,万方数据库获得的资源也存在一定的缺陷,毕竟万方的数据库相对知网而言过小,因而从数据库中分析得出的数据就具有一定的局限性。

3. 百度学术

百度学术是一个相对而言比较小的数据库,在功能上也存在它自己的特点。在我们论文材料收集过程中,一般需要将有用的文献收录在文献管理器中,百度学术在文献收录导出过程中提供批量导出的功能,导出的文献管理器包括EndNote、RefMan、NoteExpress、BibTeX、NoteFirst等,导出的文献管理器多样,非常适合文献的收集,可以为后期的文献整理奠定坚实的基础。

八、学术数据库的利用

1. 政务网站

中国政务网站可以打开世界各地政府门户网站,通过这个网页,可以打开各国的政府网站。

表 7-2　学术数据库

名称	网址	简述
国家数据	http://data.stats.gov.cn/index.htm	数据来源于中国国家统计局，包含了我国经济民生等多个方面的数据，并且在月度、季度、年度都有覆盖，数据非常全面
国家哲学社会科学学术期刊数据库	http://www.nssd.org/	国家级、开放型、公益性的哲学社会科学信息平台，收录期刊数百种，可在线阅读和全文下载
搜数网	http://www.soshoo.com/	统计资料包括 2 158 258 张统计表格和 434 217 094 个统计数据（截至 2018 年 7 月 26 日）
中国统计信息网	http://www.tjcn.org/	国家统计局的官方网站，汇集了海量的全国各级政府各年度的国民经济和社会发展统计信息，建立了以统计公报为主，包括统计年鉴、阶段发展数据、统计分析、经济新闻、主要统计指标排版等的统计信息平台
AwesomeData	https://github.com/	非常全面的开源代码库也称开源软件社区，拥有大量开发者用户，是全球最大的社交编辑及代码托管网站
数据堂	http://www.datatang.com/	专注于互联网综合数据交易，提供数据交易、处理和数据 API 服务，包含语音识别、医疗健康、交通地理、电子商务、社交网络、图像识别等方面的数据
艾瑞咨询	http://www.iresearch.com.cn/	在互联网的趋势和行业发展数据分析上面比较权威，艾瑞咨询的互联网分析报告可以说是互联网研究的必读刊物
友盟指数	http://www.umeng.com/	中国专业的移动开发者服务平台，为移动开发者提供专业的数据统计分析、开发和运营组件及推广服务
火车采集器	http://www.locoy.com/	专业的互联网数据抓取、处理、分析、挖掘软件，可以灵活、迅速地抓取网页上散乱分布的数据信息，并通过一系列的分析处理，准确挖掘出所需数据，最常用的就是采集某些网站的文字、图片、数据等在线资源

中国政务网首页如图 7-5 所示。

第7章 电子政务文献信息的收集、组织与分析

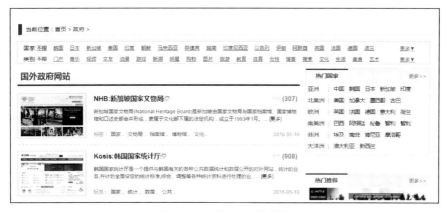

图 7-5　中国政务网首页

2. 国家数据

如果在论文的撰写过程中需要使用数据资源，可以在国家数据网（如图 7-6 所示）进行查找，这里有丰富的数据资源，包括地区数据、普查数据、部门数据等。如果我们需要查询全国的 GDP、CPI、总人口等这些统计数据，都能在该网站中找到，并且网站还能自动生成可视化图表供我们在论文写作时参考。另外，在这个平台中还可以查询到国际数据，例如，通过国际数据栏可以查询到各国统计网站，进入各国统计网站的门户网站，就能查询各国的数据，这对于国外电子政务研究的数据查询十分有利。

图 7-6　国家数据网首页

如图 7-7 所示，为韩国国家统计厅首页，点击它的英文语言选项，可以使用英文界面浏览查询。

电子政务研究：理论与方法

图 7-7　韩国国家统计厅首页

3. 中国统计信息网

与国家数据网不同，中国统计信息网统计的是国内每一个城市的数据，当需要搜索城市数据时，可以使用该网站。网站的主要功能是发布统计年鉴索引、统计公报、人口普查公报、经济分析等。例如，进入网站经济分析板块，我们可以查询到我国 2016 年上半年经济运行情况，可以了解到我国 2016 年上半年经济运行的整体趋势。值得注意的是，中国统计信息网中大部分数据来源于国家统计局。该网站提供统计公报包含了我国各个省市的统计公报。

学习指导 1　如何确定关键词？

1. 主题分析

关键词的确定首先要根据课题要求进行主题分析，确定检索课题的各主题因素，如主体因素、通用因素、时间因素、位置因素和文件类型因素等，选用可能的关键词；然后，可以有意识地对表达主题因素的长主题词进行切分处理，并充分使用截词检索功能。

2. 交叉组配检索

关键词与分类号相结合进行交叉组配检索，比单纯地使用关键词和分类号检索的结果要更精确。

关键词具有直观、专指和使用方便的特点，人们更喜欢用关键词进行直接检索,而忽视掉与分类号交叉组配检索,却不知道分类语言的系统性和网络性刚好可以弥补关键词的分散性,两者结合可以提高检索效率,提高文献查准率。

3. 改变主题概念范围

关键词确定时,可以利用上位词、下位词、同义词、近义词等改变主题概念范围。

为提高查准率,要确定多个同义词或上位词,有时要用反义词。如搜索"E-government",会需要搜索"digital government""electric government""electronic government"等。为准确地表达检索提问式,可以使用逻辑"与"、逻辑"或"、逻辑"非"对检索词进行组配。

学习指导 2　怎样阅读文献?

1. 阅读综述

进入一个电子政务研究领域,先阅读文献综述,可以更好地认识到该领域已经做出了什么,自己还需要做什么,还有哪些尚未解决的新问题。一般而言,国外的文献综述多为本学科资深人士撰写,适合阅读。

2. 有针对地选择文献

针对自己的方向,找相近的文献来读,从中理解论文中要回答什么问题,通过哪些技术手段来证明,产生哪些结论等方面,要从这些文章中,了解研究思路、逻辑推论,学习技术方法。

(1) 关键词、主题词检索

关键词、主题词选择非常重要,这样才可以保证查准率和查全率。一般在进行数据库检索时,使用得最多的检索途径是关键词。如果换个主题词,就能出现新的文献查找结果。

(2) 检索某个学者

查 SCI,知道在这个领域有建树的学者,找他之前发表的文章。之后再从文章的参考文献中,找到适合自己方向的好的文献,做深入阅读,尽可能从整个"脉络"中了解到该学科领域的发展。

(3) 依据综述检索

如果查询到与自己课题相关或有切入点的综述,可以根据综述中提到的参考文献找到那些原始的研究论文。

(4) 注意文章的参考价值

刊物的影响因子、文章的被引次数能反映文章的参考价值。但要注意引用这篇文章的其他文章是如何评价这篇文章的。

(5) 关注领域的热点问题

在对某领域有了一定的熟悉度之后，需要定期关注该领域的热点问题，如关注该领域有建树学者发表的新的文章，关注这个领域的杂志，并订阅相关的文献。

3. 如何阅读英文文献

(1) 注重摘要

摘要是一篇文章的灵魂。多数文章看摘要，少数文章看全文。但是也不能只看摘要，对多数文章题目、摘要简单浏览后，要能够总结该文章的核心内容。

(2) 通读文献

第一遍读文献的时候只需争取明白文献的主旨大意即可。因为读文献的目的是为了获取信息，若频繁查字典以后思维会非常混乱，往往读完会不知所云。可以在读的过程中将生字标记，待通读全文后再查找其意思。

(3) 归纳总结

阅读完后面的文献内容之后往往容易忘记前面的内容，这时可以通过对每段文献的内容总结归纳来链接前后文献表达的内容。

(4) 确立句子的架构，抓住主题

我们常常在读英文原版文献时，读完了却不知文献在说什么，这是最大的问题。在阅读的时候要注意看关系连词，它们承上启下引领了全文。西方人的文献侧重逻辑和推理，从头到尾是非常严格的，他们所进行的是对大量重复的、新旧观点的支持和反驳，有严格的提纲。因此我们读每一段落找到该段的主旨，这样能快速地帮助我们阅读英文文献。

(5) 增加阅读量

在我们刚进入一个领域时，往往阅读起来会非常吃力，但后来随着阅读量的增加，最后可以运用自如。因此我们应当重视阅读文献的数量，这样我们阅读英文文献的效率也会明显地提升。

第3节
电子政务文献信息的组织

信息组织是对收集到的原始材料进行检查、分类和简化，使之系统化、条理化，为进一步分析提供条件。因此，资料整理是材料收集工作的继续，又是材料分析的前提。

一、整理文献信息的重要性

通过收集得到的资料，数量大，杂乱无章，不便于利用，我们必须要对这些资料进行科学加工，做出正确的评价。整理资料，就是对资料进行再认识，使我们对资料的认识和理解更加全面、深刻、系统、明确，再从中发掘出更有价值的信息。研究资料的过程既是资料增量的过程，也是资料增值的过程。如果仅仅占有资料，而不能用正确的科学思维把占有的资料加工成为一种科学的认识，不能用科学的思维从感性的资料中找出本质的、规律性的认识，写作就无科学的创新性可言。因此，必须将收集到的资料经过系统整理才能最大限度地发挥其作用，只有将资料整理有序才能提高写作质量和加快写作速度。

二、文献信息加工整理的方法

1. 逻辑分析法

逻辑分析法也叫逻辑思维法，这种方法运用比较、分类、分析、综合、归纳、演绎、类比等逻辑方法，对所收集的资料进行分析研究，把部分、个别的认识概括成完整、系统的认识，使之具有很强的条理性和概括性。通过逻辑分析，进行一系列的科学抽象，从现象深入到本质，从感性上升到理性，最后获得对资料的规律性认识，形成科学理论。

2. 系统分析法

系统分析法是从系统的观点出发，着重从整体与部分（要素）之间，从整体与外部环境之间的相互联系、相互作用、相互制约的关系中综合地、精确地考察对象，以达到优化地处理问题的一种方法。系统分析法为现代科学研究和科学理论整体化提供了新的思路，它从整体出发，从部分与整体的关系中揭示系统的运动规律。

3. 概率研究法

概率研究法是从数量的角度研究随机现象及其规律的一种方法。概率是表示事件发生可能性大小的数据。概率研究法的第一步是整理材料，整理材料的目的，是将原始材料按性质和数量特征分别归纳分组，进行统计学处理，使材料系统化、准确化，便于进一步分析。

第二步是按材料的性质分组，即将技术资料按照事物性质，如性别、职业、婚姻、吸烟史等归类分组，提供各种指标，进行计算分析。数量分组是在性质分组的基础上，按照变量值的大小来分组，分组的组数多少决定于材料的性质、数据的多少以及分析目的，具体方法如下。

(1) 运用图表概括材料

将原始资料先分组，逐步整理成图表，再根据要说明的问题加以归纳汇总，提炼成详表，最后列出绝对数、平均数或者百分比，形成 SCI 论文中的统计表。这样可以避免冗长的文字叙述和注解，简明扼要，说明问题，便于分析比较。如果为了醒目、显示其规律性，可将数据部分绘制成统计图或者统计模型使资料形象化，更有利于分析和比较。

(2) 运用统计学处理数据资料

对两个或者数个因素的相互关系，如果既要分析它们的规律性，又要证实它们的可靠性，除了运用专业知识外，还必须依靠统计学处理的方法，科学地处理有关数据，得出正确的结论。

三、文献信息的特点

1. 独创性（创新性）

独创性是指论文提出的问题应在本专业学科领域内有一定的理论意义及实际意义，并能通过独立研究，提出自己一定的认识和看法。独创性可以从以下三个维度探索寻找。

(1) 时间维度

之前被研究过的问题，随着时间的延伸，在新的时间断面上，出现了新的特征或需求、新的变量之间的关系和演变规律,或者新技术出现对科学本身产生了影响,出现了新的内容值得我们进一步探索。

(2) 空间维度

提出的问题能将其他领域的方法运用在新的研究领域,以此发现新问题,写出好的文章。

(3) 知识维度

所关注的问题是以前未被研究过的,或是被"遗漏"的;或以前虽然被研究过,但由于当时的条件与环境等原因,发现研究结果有误,需要重新研究。

2. 科学性(实证性)

论文要建立在实证的基础之上,运用可以实践得出的信息,使不同的人在不同的地点和不同的时间,运用相同的方法能得出一样的结论,研究的结果要具有可重复性。

3. 学术性

学术性是论文所具有的共性,科研结果要具有学术参考价值,能运用在生产、发展各个领域。当同一种现象有多种解释或同一种结果由多种方法得出时,我们应该选择最精练的、前提条件最少的一种。

4. 规范性

研究的程序和步骤要是有序、清晰和结构化的,要具有学术论文所要求的逻辑结构,文字表达应符合专业规范。研究者通过文字报告研究的整个过程,所使用的词汇不应有歧义,在使用新创词汇时要尽可能地对其进行说明。

5. 逻辑性

论文要思路严谨,逻辑性强,符合客观事物的发展规律;所使用的材料要做到言必有据、精确可靠;在论文行文过程中,要做到说出的每一句话有理可依,所有的结论有实证的支撑,所使用的研究方法有使用原因的说明。

四、文档格式转换工具

1. Word、PPT、Excel 转换为 PDF 格式

将各类办公文档转换为 PDF 格式是我们论文写作过程中的一个需求,

尤其在投稿阶段,有些期刊会要求使用 PDF 文档进行投稿,这有两个方面的好处。

第一,保证显示效果的一致性。

因为软件版本、自带字体,甚至是操作系统版本的不同,有时候同一份文档(比如 Word)不同机器显示的效果是很不一样的,甚至有可能变成一堆乱码。如果将文档转换成 PDF 格式,它最大的好处就是能保证文档显示效果的一致性。

第二,防止他人修改文档。

有时我们需要将文档发给他人阅读,但又不希望他人随意修改或者"二次利用"。因此利用 PDF 无法修改的属性,可以先将文档转换为 PDF 格式再发送给别人。

将文档转换成 PDF 有以下几种方法。

(1)利用软件自带工具

目前,较新版本的 Word、PPT、Excel 软件或者 WPS 软件都自带了将文档转换为 PDF 格式的功能。

(2)在线转换

如果你的软件版本比较旧,有可能还没有直接转换为 PDF 的功能,我们可以采取在线转换格式的办法。比如使用 Office 转化器,其网址是 https://cn.office-converter.com/ (如图 7-8 所示)。

图 7-8　Office 转换器在线转化功能

我们看到，第一个功能就是"在线转换文档成 PDF"。这个网站操作起来非常简单，点击转换模块，上传你要转换的文档，然后等待一段时间，再把转换好的 PDF 文件下载就可以了。

这个方法的优点是不用安装任何软件，只要有个浏览器就可以进行文档转换。缺点是只适合小文档的转换，当文档比较大时，上传、转换需要等待的时间就会特别长。此外，转换的效果也不够稳定，有时候效果很好，有时候效果很差。

（3）虚拟打印机

在百度搜索"PDF 虚拟打印机"，能找到很多类似的软件。以 Word 文档转换为 PDF 文档为例，我们先用 Word 打开要转换的文档，然后选择打印文档，打印机选择 PDF 虚拟打印机，打印后就得到了 PDF 文件。

这种方法转换得到的 PDF 文档往往效果非常好，缺点是操作起来相对比较复杂。

把 TXT 文档转换为 PDF 格式，最快捷的方法就是把 TXT 文档的内容复制到 Word 文档里面，然后再把 Word 文档转换为 PDF。

2. 将图片、PDF 转换为 Word 格式

有时我们需要将图片、PDF 等不可编辑的格式转换为 Word 格式，这样方便我们进行后续的加工及修改工作。

PDF 分为两种类型，一种是文字型 PDF（里面的文字是可以直接选取的），还有一种是图片型 PDF（如扫描实体书制作的 PDF，里面其实就是一张张的图片，内容是无法选取复制的），前者转换简单，后者转换会困难很多。

（1）文字型 PDF 转 Word

①SmallPDF 网站。这是一个专注于 PDF 相关各种格式转换的网站，是在线 PDF 转换工具，可以进行 PDF、Word、PPT、JPG 等格式相互转换，也可以在线进行 PDF 的分割、合并。

②迅捷 PDF 转换器。这是一个免费的软件，并且可以实现批量转换。将需要转化的文件放入该软件中，点击开始转换，等待批量转换完成之后，我们就可以下载转换好的文档（如图 7-9 所示）。

图 7-9 迅捷 PDF 转换器功能

该软件批量转换英文文档显示的效果不错，转换中文文档时，有时会出现乱码。

③新版 Word 软件。比较新版本（2013 版之后）的 Word 软件已经内置了打开和编辑 PDF 文件的功能，可以将文字型 PDF 直接转换为 Word 格式。我们直接用 Word 软件打开 PDF 文档，然后另存为 Word 格式即可。

（2）图片、扫描型的 PDF 转 Word

这里需要用到具有 OCR 功能的识别转换软件，其中效果最佳的是 ABBYY FineReader 这个软件，但这个软件是收费的。

将图片转换为 PDF，可以先将图片粘贴到 Word 文档里，然后将 Word 文档转换为 PDF 格式，再将 PDF 用 ABBYY FineReader 转换为可供编辑的 Word 格式。

扫描型的 PDF 文档，可以直接用上面介绍的在线转换工具，或者是清华紫光出品的 OCR 软件，转换为可供编辑的 Word 文档。

这两种方法都能比较合适地将图片和扫描型的 PDF 文档转换为 Word 格式的文档。

五、文献信息整理工具

MathType 是一种公式编辑器。在公式编辑时，速度快、时间短，能够整理出优秀的论文写作格式,并且在文档中生成复杂的表格和漂亮的数学公式。

EndNote 是非常优秀的文献整理工具。上文提及的百度学术等的文献导出功能,实则是为了在寻找文献过程中,更好地整理有用的文献。只要养成随手将导出的文献整理在文献整理器中的习惯,就能为后期的论文撰写省下很大的工作量,也不会遇到无法找到引用文献的情况。

学习指导 3　EndNote 和 MathType 使用

1. EndNote

在新项目开始之前,应在 EndNote 中根据不同项目,建立新文件夹(如图 7-10 所示)。

项目刚开始的时候,文件夹中没有文献,就需要先建立一份本地的文献原始积累。可以在很多数据库中查询相关的文章,我们现在使用百度学术根据关键词寻找所需要的文献。

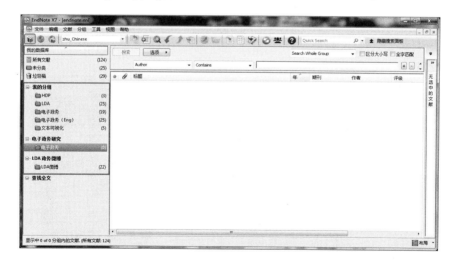

图 7-10　EndNote 文献管理器

在百度学术中输入"电子政务研究"关键字,查询出 169000 条数据,查找到自己需要的文献,点击"批量引用",等到所有文献添加完成之后,我们将文献导出至 EndNote(如图 7-11 所示)。EndNote 会自动提取文献信息，按照文献的发表年份、期刊和文章题目将文献重命名，并将该文献自动整理到指定文件夹中，完成文献的原始积累。

图 7-11　EndNote 文献管理器

同时注意自己下载的 PDF 文献，我们可以使用 PDF-XChange Viewer 软件进行阅读，该软件可以实现高亮、横线、备注、取代文字等功能，非常方便，用户可以直接在 PDF 文档中做笔记（如图 7-12 所示）。

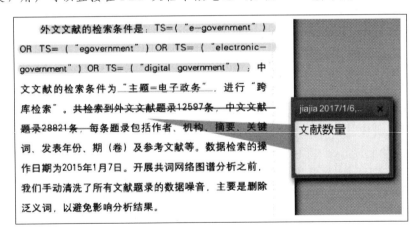

图 7-12　PDF-XChange Viewer 文献阅读器

文献阅读数量越多，本地收录的文献也会越多，我们可能会忘记作者的名字，但是对文章发表年份和所在期刊有很深的印象。所以可设置 EndNote

自动根据文献的三个强信息：发表年、发表期刊和文章题目自动重命名，并结合 Everything 软件，在本地实现文献的第一重搜索。

（1）搜索目标明确

如果搜索目标很明确，用 Everything 软件直接就从本地找到了，比直接在计算机上查找或搜索快了许多倍。

（2）搜索目标不明确

如果搜索目标不那么明确，这个时候一般会把所有能想到的关键词输入，上网搜索。可能会找到一些文献在本地是有的，那就可以根据文献名，用 Everything 软件快速在本地找到对应的文献。

2. MathType

在论文撰写过程中如果需要使用公式，那么我们可以使用 MathType 公式编写器。这个软件编写出来的公式整齐，而且与 Word 环境完全适应（如图 7-13 所示）。在撰写公式过程中，我们可以在文字中插入公式，也可以单独空出一行插入公式。

为了更具体地分析司乘之间的会面特性，我们假设两种模式的会面函数满足柯布-道格拉斯型生产函数，即

$$M_i\left(N_i^c, N_i^t\right) = A_i \left(N_i^c\right)^{\alpha_i^c} \left(N_i^t\right)^{\alpha_i^t}, \quad i=1,2 \tag{3}$$

其中，A_i 是取决于市场空间特性和叫车模式的正参数，α_i^c 和 α_i^t 分别表示会面率对未接受服务的乘客与空驶出租车数量的弹性。

通常情况下，$0 < \alpha_i^c, \alpha_i^t \leq 1$，$i = 1, 2$。$\alpha_i^c + \alpha_i^t > 1$，$\alpha_i^c + \alpha_i^t = 1$，$\alpha_i^c + \alpha_i^t < 1$ 分别表示规模收益递增、不变或者递减。

图 7-13　MathType 公式编辑器效果图

当手中拥有了 EndNote 中的许多文献资源，并且需要撰写论文，我们在参考文献导入部分就能直接使用到 EndNote 写入部分，插入引用文献。使用 EndNote 比其他引用文献工具更好的地方在于，文献一旦被插入在文档当中，无论引文中的文字在文章中顺序如何改变，引用文献都会随着文字一同改变在文章中的顺序（如图 7-14 所示）。

> [1] 李杰.CiteSpace 中文版指南 [EB/OL]. http://cluster.ischool.drexel.edu/~cchen/citespace/manual/CiteSpaceChinese.pdf, 2015-5-3.
> [2] 马海群, 吕红. 基于中文社会科学引文索引的中国情报学知识图谱分析 [J]. 情报学报, 2012, 31(5): 470-478.
> [3] 赵丽梅, 张庆普. 基于科学知识图谱的我国知识管理研究范式分析 [J]. 情报学报, 2012, 31(1):95-103.
> [4] 陈悦, 陈超美, 刘则渊, 等. CiteSpace 知识图谱的方法论功能 [J]. 科学学研究, 2015, 33(2):242-253.

图 7-14 EndNote 导入引用文献范例

第 4 节
电子政务文献信息的分析

一、使用文献材料的原则

1. 有代表性

所选材料要有很强的代表性。社会科学的研究大多使用归纳法，归纳法是将很多现象放在一起进行总结，最终得出结论。如果选择的材料缺乏代表性，即使使用归纳法，也很难将收集材料的重要观点写到文章中去。

文章中所用的材料需要能代表没有写进去的大部分材料。

2. 有旁证材料

旁证材料就是同时段的人所提出的观点和看法，即要求使用的文献材料是具有新颖性的文本材料，同时这些材料还能与中心论点密切关联。

3. 有权威看法

在材料引用过程中，引用在该领域中有建树学者的文献或观点，能够提升文档的质量，并且给我们研究的内容以强有力的论证。

二、引用文献的要求

在引用文献时要注意做到以下几点。

1. 了解作者原意

在摘引一篇较长的文字材料时,一定要清楚这段材料在被引文献中与上下文之间的关系,以确保了解原材料作者的原意。断章取义是学术研究中最大的忌讳。

2. 完整引用材料

要将一段材料的某个观点完整地引用进自己的文章。并且,要明白该观点在被引文章中所处的位置和表达的态度。只有完整地引用材料,才能保证作者的原意得到了保留。

3. 不随意使用材料

对于学术论点的支撑,可能用到好几条材料。但并不是支撑材料越多越好。一般而言,支撑的文献引用中必须要有一条核心的材料,被称为主材料。主材料就是能充分例证作者提出观点正确的材料。

三、对反例的处理

反例就是和你正面使用观点内容相反的、对立的观点,即在整理材料时,会出现对你论证有利的材料,也会出现对你论证不利的材料。

只将有利的材料写入文章当中,不提对自己论证不利的材料,这是一种不严谨的学术态度,这种方法得到的结论也不具备学术价值。

有很多人在论文中运用了很多材料,但是只保留了正面的材料,反面的材料却被隐藏起来,这叫作隐匿证据。

好的学术论文撰写者,在面对这些不利材料时,应积极应对,提出这些材料对自己研究成果的影响。

同时,对于调研的数据也是如此。很多时候得到的数据并不是理想中希望的数据。这时研究者们应该查明出现这些数据的原因,同时分析在一定误差范围内是否能解释这种结果。最后对一些预期外的数字加以说明,提升学术的严谨性。

四、研究方法的分类

1. 新问题、新方法

发现新问题,使用新方法是论文写作中很好的切入方式。这种写作方式就是将一种新的方法运用到自己写作的新的领域当中,这属于论文写作过程中巨大的创新,但是这种写作论文的方式难度很大。

2. 旧问题、新方法

这种方式是被许多人使用的,属于论文写作中方法的创新,很多情况下是属于算法的改进,或者是发现一种不错的方法将其运用在了自己研究的领域。这种方法相对于第一种而言难度较小,并且也属于期刊喜闻乐见的论文。

3. 新问题、旧方法

如果在方法上没有创新,但是在研究领域中解决了新的问题,这样的一种研究方式也是属于比较好的论文写作方式,相对于第一种而言更加容易,并且自己也能比较快地写出自己想要的论文。

4. 旧问题、旧方法

这种写作方式最容易,但是发不出好的文章,而且也不被倡导,研究的问题也失去了科研本身的价值。

 学习指导 4　如何提高文献研究水平?

文献分析是科学研究的基础,是选题的重要依据。

1. 要注意有效地检索和筛选文献

文献检索是文献分析的基础,检索文献需要勤查勤看。为了提高文献检索的效率和全面性,应该进入文献数据库进行检索。目前,中文和英文专业数据库在各大图书馆都有配备。为了使检索的文献可用性高,一个简单的技巧是使用高级检索菜单,根据研究的需要限制检索条件,并注意灵活变换检索要求。检索之后,按一定的主题对收集的文献进行分类,找出对课题研究有价值的文献,这是文献分析的第一步。同时,要注意文献的时间和权威性,避免浪费时间和走不必要的弯路。

2. 注意文献中的矛盾点

对不同的观点和方法进行分析比较有利于我们找到研究中存在的矛盾。我们在阅读文献时,经常会发现不同的研究者在分析同一问题时有不同的观点，它们甚至彼此矛盾、互不相容。发现现有研究的矛盾是文献分析的一个重要方面，这对我们研究问题来说，可能是一次非常好的机会。关注矛盾、思考矛盾，往往会给我们带来一次好的研究机遇。

3. 分析现有研究的局限性

这种局限性可能是方法论的局限性、理论观点的不成熟，也可能表现在研究方法方面。这些局限性必然会影响研究结果的正确性和普遍性。找到现有研究的局限性将可以使研究一开始就有一个高的起点。发现这些局限性一般需要研究者有新的视角，而解决它们则往往需要研究者有新的知识结构或新的研究手段。

4. 寻找课题研究的空白点

每一个领域在未得到充分研究之前，总会存在一些空白点，抓住空白点进行研究，可以避免重复别人的研究，在选题上保证研究的创新性。那么，如何寻找课题研究的空白点？一是关注原来的研究者未关注的问题；二是关注那些原来研究者已经注意但由于理论或技术困难而没有解决的问题；三是关注原来的研究者由于缺乏全面的知识结构而未能解决的问题。

5. 追寻课题新的生长点

分析课题研究的发展方向有利于寻找课题新的生长点。我们在查阅、研究文献时，注意课题研究中出现的新方向、新思路、新领域，对深入该课题研究和拓展研究领域、追踪研究方向与水平都是很有意义的。

6. 加强文献的理论批判与整合

对现有的文献进行理论批判与整合，需要我们在钻研文献的基础上，保持思维的自主性和独立性，选择合适的角度，突破思维定式，扩大思维空间，引进新的理论模型。如何从研究策略上突破研究者的思维定式？著名心理学家皮亚杰的观点值得推荐。他说，当我们着手研究一项课题时，先不要去看这一课题的直接文献，而是去看与这一课题有些关系但又好像关系不密切的文献，在阅读中就所要研究的课题进行思考，等形成了一些初步的观点之后，再去看那些直接的文献，在两者的比较分析中，就会得到新的收获，而不会迷失在文献中人云亦云。

第8章 电子政务研究范式

本章导读

　　一门学科是否成熟，与该学科能否形成一定的研究范式息息相关。研究范式能够使学科摆脱散漫无序、全部依靠外在的一些动机、机制和资金维持的状态，由内而外迸发出吸引力，不断吸引坚定的拥护者持续关注并不断深入研究该学科。目前，电子政务研究还处在前科学阶段，只有借鉴其他成熟学科，形成自己的研究范式，方可行稳致远。

第8章 电子政务研究范式

第1节
电子政务研究范式

什么是范式？美国科学哲学家托马斯·库恩在《必要的张力：科学研究的传统与变革》中第一次提出了"范式"这一概念，《科学革命的结构》一书中对"范式"进行了详细的阐述，他还在《再论范式》中对"范式"一词的内涵加以延伸。

库恩认为，范式就是聚合一个科学共同体的东西，并进一步认为"一种范式，也仅仅是一个科学共同体成员所共有的东西"。他在书中总结到，除了令人瞩目的成就之外，科学成就还必须：①空前地吸引一批坚定的拥护者，使他们脱离科学活动的其他竞争模式；②它们必须是开放的，具有许多的问题，以留待重新组成的一批实践者去解决。[1]

在科学研究中，研究范式是指某一特定学科的研究人员所共有的、普遍认同的、最基本的世界观，由相对完备的概念体系、基本假定、观察视角、推演手段、研究方法等构成，它是研究人员认识世界和解释世界的基本方式。[2] 通俗地讲，研究范式就是研究人员惯用的研究套路和研究框架。将该概念引入电子政务学科，电子政务研究范式简言之即为：电子政务研究的基本概念体系，电子政务"研究什么"，电子政务"怎样研究"。研究范式在电子政务研究中具有通约性特征，并且具有根本性和支配性的作用。正是因为有了研究范式的存在，学者们才不必为思想前提、实现方式和判别标准而争论不休，才能在此基础上进行自由而深入的思考与研究。

2006年至2015年，电子政务论文刊载量约为1021篇，但关于电子政务研究范式主题的论文却只有一篇。作者为赵国洪，篇名为《我国电子政务的研究范式与学科发展——基于核心期刊数据的分析》，于2009年8月刊载于《情报杂志》。赵国洪以核心期刊收录的文章为研究样本，分析了我国电子政务当时的研究范式与学科发展的现状。他发现，我国电子政务研究出现"电子"和"政务"相分离的现象，并就这一现象产生的原因进行了分析。同时，他从话语生产控制系统的角度分析得出，我国电子政务学科存在学术话语障碍，学科发展尚未成熟，其研究范式还未出现。

一门学科是否成熟，与该学科是否形成一定的研究范式息息相关。研究范式能够使学科摆脱散漫无序、全部依靠外在的一些动机、机制和资金维持的状态，由内而外迸发出吸引力，不断吸引坚定的拥护者持续关注并不断深入研究该学科。2009年之后，我国电子政务的研究范式是否出现新的变化？本章将从"坚定的拥护者"这一角度出发，对电子政务研究范式现状进行再次探寻。此部分研究数据来自CSSCI收录的文章。检索的方式是，在CNKI进行文献检索，输入关键字"电子政务"搜索CSSCI期刊文献，检索时间段为2006—2015年，剔除讲话、杂文、新书介绍、会议通知以及重复刊载的文章后，共获得有效文章篇数为1021篇。以电子政务为主题的文章刊载量，在2008年达到局部峰值257篇，此后，一直处于持续下降的状态，到2015年，其刊载量仅为43篇。此后，2016年为110篇，2017年为73篇，2018年为38篇（截至2018年10月），以电子政务为主题的文章刊载量起伏较大。

一、作者成熟度研究

电子政务学科是否拥有一批坚定的拥护者、其成熟度如何，是进行电子政务研究范式分析首先要考虑的。我们可以通过作者合著情况、作者发文量和核心作者群三个维度对电子政务学科研究者群体进行分析。

1. 作者合著情况

科研合作情况的探究，从一定意义上来说，可以通过论文合著情况进行探寻。论文合著比例以及人均合著量是考量论文合著情况很适宜的直观衡量指标。

论文合著比例是指在某一规定时间段内某类指定期刊刊载合著论文数量与论文总数的比值。通常来说，论文合著比例越高，该学科领域作者的合作能力越强，学科的发展水平就越高。研究发现，作者平均合著比例为58.47%，2012—2015年的合著比例均高于平均合著比例。

合著度是指作者人次与论文篇数的比值。在统计的1021篇论文中，合著度的平均值为1.85。前6年，仅2009年以1.96高于平均值以外，其余都低于平均水平。

如表8-1所示，我国电子政务研究在深度和广度上呈正在逐年发展的态势，但是在学科合作方面，虽然综合来看合著度有小幅度增加，但是增速非常缓慢，还存在很大的潜力。

表 8-1 电子政务研究作者合著情况（2006—2015 年） 单位：篇

项目	项目人数					合著比例/%	合著度/（人/篇）
	1人	2人	3人	4人	5人及以上		
2006	57	57	15	2	1	56.82	1.73
2007	51	50	19	4	0	58.87	1.81
2008	66	66	20	5	0	57.96	1.77
2009	45	57	27	5	1	66.67	1.96
2010	67	33	19	3	0	45.08	1.66
2011	43	30	11	3	1	51.14	1.74
2012	32	24	19	7	1	61.45	2.05
2013	28	26	19	4	1	64.10	2.03
2014	20	24	15	0	0	66.10	1.92
2015	15	14	4	10	0	65.12	2.21
总计/篇	424	381	168	43	5	58.47	1.85

2. 作者发文量

根据 Alfred J. Lotka 提出的洛特卡定律可知，论文数量与作者数量之间存在一定的科学关系，即只刊载一篇论文的作者数量约占作者总人数的 60%。如表 8-2 所示，只发表一篇论文的作者人数为 778 人，占作者总人数的 80.54%，这一比例远高于洛特卡定律中规定的比例，高出 20 多个百分点，这表明了我国电子政务学科研究群体很不成熟，科研水平很有限，目前科研情况不是很理想。

表 8-2 电子政务研究作者与发文量的关系

发文量/篇	作者人数/人	占总人数比/%
1	778	80.54
2	108	11.18
3	45	4.66
4	16	1.66
5	5	0.52
6	3	0.31
7	3	0.31
8	3	0.31
9	4	0.41
19	1	0.10

注：作者总人数为 966 人，论文总数为 1021 篇。

3. 核心作者群

核心作者群也是衡量该学科是否成熟的一个重要指标。电子政务核心作者群是指在电子政务领域内发表论文篇数较多、影响力较大的作者群体。根据普莱斯定律可知，在核心作者群中，论文发表数量最多的作者的论文数与论文发表数量最少的作者的论文数存在以下关系：

$$N_{min} = 0.749 \times (N_{max})^{1/2}$$

由表 8-2 可知，$N_{max}=19$，得 $N_{min} \approx 3.265$，所以，当刊载的文章数大于等于 4 的时候，该作者才能被认为是电子政务学科的核心作者。

又由普莱斯定律可知，只有当核心作者刊载论文数量占总刊载论文数量的 50% 及以上时，才标志着该学科的高产作者群体的形成。如表 8-3 所示，核心作者论文占总刊载论文数的 20.27%，远没有达到普莱斯定律中提及的 50%，因此，电子政务学科并没有形成高产作者群体，也没有形成核心作者群。

表 8-3　电子政务研究核心作者群发文情况

N_{min}	N_{max}	核心作者数/人	核心作者比例/%	核心作者论文数/篇	核心作者论文比例/%
4	19	35	3.62	207	20.27

二、论文刊载及被引情况分析

1. 电子政务论文刊载 CSSCI 期刊分布

统计有效论文主要刊载在 151 种 CSSCI 核心期刊上，电子政务主题论文累计刊载 30 篇及以上期刊只有 7 种。电子政务主题论文刊载量排名前四的期刊分别为《情报杂志》《情报科学》《中国行政管理》以及《图书情报工作》。累计刊载电子政务主题论文 15 篇以上的 CSSCI 核心期刊也仅有 12 种（如表 8-4 所示）。赵国洪于 2009 年所做的关于电子政务研究范式的研究表明，当时我国电子政务研究重点主要为文档管理、信息资源管理和信息技术的开发与应用，很少触及行政管理或者公共管理理论，其期刊刊载分布也以档案类、情报类以及计算机科学类期刊居多。

与之形成对比的是，最新的数据表明，电子政务的研究开始侧重于公共管理理论部分。虽然目前以资料管理、档案管理为主题的电子政务论文篇幅不少，但从《中国行政管理》期刊累计刊载电子政务期刊 85 篇，排名第三的情况可以充分体现出这一研究重心的转移。

表 8-4 电子政务研究核心期刊、CSSCI 期刊发文

序号	期刊名	文章篇数	序号	期刊名	文章篇数
1	情报杂志	149	12	中国图书馆学报	15
2	情报科学	91	13	图书与情报	13
3	中国行政管理	85	14	科技进步与对策	12
4	图书情报工作	75	15	图书馆学研究	11
5	档案学通讯	40	16	情报学报	10
6	档案学研究	32	17	现代图书情报技术	9
7	情报理论与实践	30	18	国家行政学院学报	7
8	科技管理研究	26	19	软科学	7
9	图书馆理论与实践	20	20	统计与决策	7
10	情报资料工作	18	21	中国科技论坛	7
11	图书情报知识	18			

2. 论文被引分布分析

单篇论文被引用次数的多少，可以成为衡量该论文学术影响和水平的一种参考指标。同时，通过对高频被引论文的分析，可以观测到电子政务学科的研究前沿。如表 8-5 所示，电子政务论文，被引次数在 5 次及以下的有 473 篇，占 46%；6—10 次的比例为 21%；11—15 次的比例为 13%。可见，电子政务论文整体被引用的数量不多。

表 8-5 电子政务研究论文引用情况

被引频次 项目	≤5	6—10	11—15	16—20	21—25	26—30	31—35	36—50	51—70	≥71
论文篇数/篇	473	219	129	66	43	26	30	20	9	6
占百分比/%	46	21	13	6	4	3	3	2	1	1

如表 8-6 所示，被引次数在 40 次以上的论文篇数共有 24 篇。其中，吕元智于 2010 年发表的论文《基于云计算的电子政务信息资源共享系统建设研究》被引次数高达 102 次；李国新于 2008 年发表的论文《公共图书馆与政府信息公开》以及张开云于 2010 年发表的论文《地方政府公共服务供给

能力：影响因素与实现路径》分别以被引频次 97 次并列第二。

表 8-6　电子政务研究作者论文引用情况

第一作者	文章名	年份	被引频次
吕元智	基于云计算的电子政务信息资源共享系统建设研究	2010	102
李国新	公共图书馆与政府信息公开	2008	97
张开云	地方政府公共服务供给能力：影响因素与实现路径	2010	97
张尚仁	网络问政——公共管理的创新形式	2010	87
杜治洲	电子政务与中国公共服务创新	2007	72
祝小宁	政府公信力的信息互动选择机理探究	2008	71
吴昊	当前我国电子政务发展现状、问题及对策实证研究	2009	70
顾平安	面向公共服务的电子政务流程再造	2008	68
樊博	跨部门政府信息资源共享的推进体制、机制和方法	2008	62
彭晓薇	论网络反腐	2011	60
李阳晖	国外电子政务服务研究综述	2008	58
何振	网络环境下政府信息资源共享机制研究	2007	57
张锐昕	电子政务绩效评估制度建设的目标和重点	2006	53
罗贤春	我国电子政务信息资源共建共享模式	2006	53
雷战波	我国电子政务绩效评估发展综述	2006	47
赵建青	我国政府网站建设的现状与路径探析	2007	47
查先进	电子政务信息共享的障碍及对策研究	2006	46
焦微玲	我国电子政务公众满意度测评模型的构建	2007	46
杜永红	利用政务微博推动社会管理创新的对策研究	2012	45
王芳	基于电子政务的信息公开服务	2006	44
刘霞	公共危机治理网络：框架与战略	2009	44
张维平	政府应急管理预警机制建设创新研究	2009	43
蒋录全	电子政务服务质量管理思路研究	2006	42
陈菁	电子政务流程再造的必然性和选择性	2006	42

从论文主题角度进行分析可以发现，一方面，2009 年以前的高被引论文的研究主题主要集中在信息资源管理、绩效评估等对系统内在机制的研究。这可能与当时互联网普及程度不高，电子政务系统之间联系不够密切，与外界交互的作用不够强烈有关。这使得很多学者倾向于探寻系统内部性能优化、流程重组，弱化甚至是忽视了对电子政务系统与外界联系的研究，如学

者顾平安于2008年发表的论文《面向公共服务的电子政务流程再造》、学者罗贤春于2006年发表的论文《我国电子政务信息资源共建共享模式》等。

另一方面，2010年以后的电子政务高被引论文主题有这样一种趋势，即探寻电子政务与外界网络之间的作用机制，如张尚仁于2010年发表的论文《网络问政——公共管理的创新形式》、彭晓薇于2011年发表的论文《论网络反腐》以及杜永红于2012年发表的论文《利用政务微博推动社会管理创新的对策研究》等，都充分体现了这样的研究趋势。这与微博流行起来的时间有密切的关系。微博于2008年左右在中国网民群体中逐渐流行，于2009—2010年达到鼎盛时期，由网络舆论引发的社会舆论，在全国掀起了一股"自下而上"的督促力量，监督、敦促行政机关完成行政职责。政府机关意识到，由网络引发的社会舆论的力量已不容小视，相关的研究也就此展开。以上三位学者的论文主题就及时反映了这一研究热点。

三、电子政务论文主题分析

通过对检索到的1021篇论文的关键词进行统计与归纳，大致划分出以下10个研究主题，分别为技术方案、框架，信息资源管理，流程管理与运营理念，绩效评估，电子政务概念与意义，安全管理理论与方法，电子政务现状、对策与研究报告，行政管理改革，实践案例、经验借鉴，标准与法律法规建设。

技术方案、方框主题主要是指研究电子政务顶层设计的相关内容、功能模型和逻辑模型及电子政务建设过程中相关的计算机技术等，如数据参考模型（DRM）；信息资源管理主题是指研究政府信息资源的公开与共享模式，信息资源的公益性与市场化开发等内容，如城市网络化管理；流程管理与运营理念主题是指探索流程优化再造、电子政务服务理念等，如电子政务降低业务流程中介度的探索；绩效评估主题主要关注用户满意度、成本收益、运作管理和社会效益，如通过对网络舆情的研究来探讨政府绩效；电子政务概念与意义主题是指电子政务相关概念的阐述，如电子政务内涵的变化等；安全管理理论与方法主题是指研究电子政务安全管理系统、电子政务安全协议、安全管理政策与安全意识培训等，如某市医保信息中心的信息安全管理系统的相关研究；电子政务现状、对策与研究报告主题主要是对我国当前电子政务的现状进行研究以及进行相应对策的探讨；行政管理改革主题主要指探索电子政务对我国政府运行机制的影响，如电子政务的发展对公务员制度的影响；实践案例、经验借鉴主题是指寻找电子政务在实际生活中的运用方式以及国外电子政务开展工作对我国电子政务发展的经验借鉴，如上海口岸通关电子平台、新加坡电子政务研究等；标准与法律法规建设主题是指研究我国电子政务标准与法规建设，包括标准制定所需遵循的原则、制定程序等，如电子政务立法研究等。

如图8-1所示，2006—2010年间，电子政务研究主题主要集中在电子政务技术方案与框架、信息资源管理和流程管理与运营理念三大主题，总体上，更偏向于对"电子"模块的研究，没有很好地体现出"电子"与"政务"的结合。

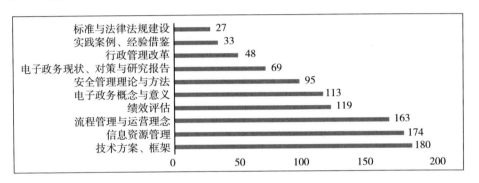

图8-1　电子政务研究主题演变（2006—2010年）

如图8-2所示，2011—2015年电子政务研究的主题重点发生了不少变化，其重点主要为绩效评估、信息资源管理和流程管理与运营理念三大主题。与前5年的研究重点相比，该阶段的研究对"电子"领域有所弱化，对"电子"与"政务"相结合的研究逐渐增强。电子政务是一门多学科交叉的边缘学科，两者的融合，说明多学科不同的话语体系渐渐融为一体，学术话语障碍逐渐减少，电子政务学科正在慢慢变得成熟。

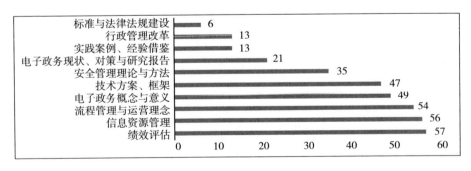

图8-2　电子政务研究主题演变（2011—2015年）

综上所述，目前我国电子政务学科还不够成熟，根据库恩对研究范式判断标准可初步认为，目前我国的电子政务学科还未形成自己的研究范式。

第2节 电子政务研究范式预测

虽然，应用文献法分析，电子政务学科还未形成研究范式，但是，可以通过综合分析社会、文化、经济、教育、技术等因素，预测未来电子政务研究范式的雏形。随着计算机技术的不断发展，全球化趋势的演进，充分发挥大数据的优势，综合分析复杂社会的某一特定现象成为电子政务研究的一个方向，即定量研究支撑下的实证研究将成为未来电子政务学科的研究范式。

一、实证研究的背景

1. 实证研究的迫切性

实证研究指的是研究者亲自观察、访谈、收集资料，为提出理论假设或检验理论假设而展开的研究。信息社会人们对公共服务的需求、政府行为和现代信息技术之间存在着极为复杂的相互作用机制，而运用计量工具可以将有关影响因素予以固定，从而有效把握复杂现象之间的内在联系，从而消除变量内生性、异方差和多重共线性问题。中国是一个发展中的大国，既要实现工业化，又要迎接信息化，而且全国各地信息化水平层次不齐、差别很大，数字鸿沟现象比较突出，如果没有广泛而深入的实证，不可能对电子政务建设的状况有比较清晰和准确的判断。

中国互联网络信息中心（CNNIC）在第三届世界互联网大会上发布《国家信息化发展评价报告（2016）》（以下简称《报告》）。《报告》从网络基础设施就绪度、产业与技术创新、信息化应用效益、网络安全保障和可持续发展等方面，对全球88个主要国家以及中国31个地区（不包括港澳台地区）进行了评价。从全球范围来看，以美国、英国、日本、中国、俄罗斯为代表的大型经济体，具有良好的信息基础设施、信息产业业态和庞大的用户市场规模，信息化发展优势比较明显。近5年来，中国在信息产业规模、信息化应用效益等方面获得显著进步，信息化发展指数排名得到快速提升，位列全球第 25 名,首次超过了 G20 国家的平均水平。

《报告》内容显示,中国信息化发展呈现出十个方面的显著特点。具体表现为:在网络基础设施方面,宽带下载速度和性价比大幅提高,宽带普及率和终端普及情况显著进步。在产业和技术创新方面,中国网络信息企业新增数量和市值规模出现了爆发式增长,网络信息需求驱动科技创新实现快速进步,各省规模以上网络信息企业研发投入呈金字塔型分布的态势。在信息化应用效益方面,"互联网+"不断促进商务应用跨界融合,移动电商和跨境电商实现迅猛增长,移动政务的用户规模及服务范围快速扩张,并且移动互联网推动共享经济在多个行业加速渗透。在可持续发展环境方面,我国信息化发展的政策环境在不断优化。[2]

与此同时,我国电子政务建设也走上了快车道。统一网络平台支撑能力进一步增强,统一的国家政务网络框架初步形成,网络覆盖面大幅提高。政务业务信息化覆盖率提升明显。在中央层面,各部门核心业务信息化覆盖率稳步提升,并逐步实现全业务、全流程、全覆盖。政府数据开放进展顺利。政务大数据应用方兴未艾,中央各部门高度重视大数据工作,地方政府积极推进大数据应用。"互联网+政务服务"进入新阶段。政府网站服务水平不断提高。据清华大学国家治理研究院统计,截至 2017 年 6 月底,有 71 个国务院部门和直属机构开通了政府网站,其中,约 92.9% 建立了信息发布制度,约 80.3% 出台了政务信息网上发布办法;截至 2017 年 7 月中旬,19 个国务院部门和直属机构开设了政务 APP。截至今年 7 月中旬,全国范围内已推出 17 个省级(省市县)一体化服务平台,较 2014 年的 4 个省级一体化平台增长 3.25 倍,进驻平台的办事服务事项超 4 万件。截至 2016 年年底,全国共有 .gov.cn 域名 5 万多个。

随着我国信息化水平的提升,电子政务建设的推动,各个行业、各个领域的数据量都在迅猛增长。近年来,数字数据的数量每 3 年多就会翻一番。数据的爆炸呈现出三维的、立体的态势,也即数据的来源、种类也在不断增加。其中,政府数据得到大量积累,现在视频监控摄像头现在已经被广泛应用于主要道路、热点社区、地铁和居民小区的安全监视。一个 800 万像素的摄像头,每小时产生 3.6GB 的数据量,很多城市的摄像头多达几十万个,一个月的数据量就能达到数百 PB($1PB=2^{20}G$),若需保存 3 个月,则存储量达 EB 级($1EB=2^{30}G$)。服务业的大数据也在以惊人的速度增长、累积,腾讯 QQ 月活跃用户超 8 亿,微信用户超 5 亿,在线人际关系链接超 1000

亿，每天千亿次的服务调用，日新增 200—300TB 的数据量，每月增加 10%。百度每天要处理 60 亿次搜索请求（谷歌 30 亿次），新增数据 10TB，处理数据 100PB。目前存储网页数近 1 万亿，数据总量 1000PB。淘宝网每天交易超过千万笔，单日产生数据量超过 50TB，峰值时交易达 9 万笔/分钟。

国家信息化水平的提升、电子政务建设步伐的加快和大数据时代的来临，这些都为电子政务实证研究创造了良好的条件。首先，实证研究的资料来源具有可靠性。实证研究注重研究者亲自到现场调查，获得第一手数据和案例。研究者可以直接接近和感知研究对象，所获得的是直接的、具体的、生动的感性认识，并形成对问题的真实感觉，能掌握大量的第一手数据和案例，而且有数据和案例作支撑，从而使得研究的可信度大大增强。其次，实证研究的社会认识具有广泛性。实证研究能突破时空的限制，在广阔的范围内，对众多研究对象进行调查，调查内容非常广泛。此外，实证研究的结论具有客观性。实证研究要求研究者运用一定的数学方法、研究工具和技术对研究对象进行大量社会调查，收集相关资料和数据来检验理论假设。

改革开放 40 年，尤其是进入新世纪以来，我国社会各方面发生了巨大变化，这些重大变化，深刻影响着人们生活的方方面面，国家治理体系和治理能力的现代化也在加速进行，电子政务研究者有幸更够目睹这一系列的巨大的变化，并在此过程中，记录、分析和解读这些变化，从而推动电子政务研究水平的进一步提高，为我国电子政务建设提供更多的理论支撑。

2. 中国的独特性

我国大规模的社会变革存在于今天的中国，它不是任何一个国家或地区的翻版，可以将其理解为一种仅发生在当代中国背景下的社会现象，这种背景包括我国的政治制度、文化、经济和社会环境。我们需要设计出在理论和方法论上具有创造性的研究框架，不能照搬西方的研究模式，因为中国与美国等西方国家相比，确实存在类型上或至少在程度上的两个重要特点：第一，政府在为人民提供福祉方面具有核心地位，长期经济增长也表明我们国家的不断强大得益于中国人民；第二，企业部门和政府结成联盟分享共同利益，尤其是在地方层级，地方政府能在推动地方经济发展过程中获利，并以此为人民提供福利和公共服务。

我国拥有自己鲜明的独特性，在多重社会背景之下，产生复杂多样的现象，这些现象很值得研究人员的探寻与研究。尽管，有些学者会追求普遍有效的理论或不受具体情境影响进行社会研究，然而，很多研究者也开始认识到这些宏大理论的价值局限性，并开始相信最好的社会研究一定是在具体情境下的研究，而不可照搬西方的研究方式，应该构建与其相适应的理论框架，用于当代我国的社会现象。实证研究不仅仅是世界学科研究方法的发展趋势，也是电子政务这一多学科交叉的综合学科应采用的研究方法。

3. 定量研究的支撑作用

通过文献收集可以发现，目前，我国电子政务学科研究所采用的方法较为简单、落后，缺乏有力可靠的以事实为依据的实证研究。对收集到的大量的电子政务学术论文进行分析发现，演绎法等定性分析法仍是大部分从事电子政务研究学者所采用的方法，而定量研究虽然有采用，但频次不多，且总体研究水平不够高。这就造成国内外电子政务学科研究之间的"不平等对话"。马克思曾表明："一种科学只有在成功地运用数学时，才算达到了真正完善的地步。"对于在我国研究起步比较晚的电子政务学科研究更是如此，我们需要在研究过程中充分结合数学学科的相关知识，加强对定量分析方法的研讨和运用。这样，不仅能够有效提高电子政务学科研究的科学性、规范性和严谨性，而且有助于准确揭示电子政务的内在发展规律，促进电子政务学科发展，从而为政府做出科学决策提供可靠、有效和科学的依据。

二、定量研究

1. 使用条件

定量研究是指对用数量所描述的内容或者其他可以转化为数量形式的资料进行数据转化、分析和处理的过程。电子政务学科定量研究是指运用定量方法分析电子政务学科领域内的相关现象，解决其相关问题，即对电子政务学科内一个对象的内外部多个因素或者多个对象之间的数量关系进行分析揭示的过程。针对研究目的、研究问题的类型、研究的深度和广度、研究数据的特征，以及研究阶段的不同，定性分析和定量分析方法的适用条件存在差异，电子政务学科所要采用的研究方式也会有所不同。

面临不同研究情境，在选择研究方式的时候，主要考虑以下四个因素（如表8-7所示）。

第8章 电子政务研究范式

表8-7 电子政务研究的定量研究与定性研究比较

适用条件	定量研究	定性研究
研究目的	验证某种理论假设	了解某一现象
研究问题的种类	研究数值的精确变化	探寻过程问题
研究的深度与广度	扩大研究广度，深度不足	深度研究成因与内部机制
研究信息的特征	可量化信息	纯文字资料

2. 研究过程

科学研究过程通常包括以下四个基本步骤：发现问题，确定研究目的；提出解决问题的理论假设；检验理论假设；解释说明，得出研究结论。在此基础上，研究人员可以根据实际需要，对这一基本研究步骤进行调整与扩充。例如，研究过程可以为确定研究主题、研究设计、研究工具的选择（包括理论建构、提出假设）、数据采集、数据分析和报告写作；又或者是确定研究主题、研究设计构思、构建数据采集的方法、样本选择、研究方案写作、数据采集、数据处理和研究报告写作。

结合定量研究方法与电子政务学科目前的发展现状，我们可以看出，数据采集和数据分析两大环节在电子政务定量研究过程中发挥着重要作用。

三、数据采集与数据分析方法

数据采集是定量研究方法的基础，收集的数据质量直接决定着定量研究的质量。数据收集不够充分，则研究无法充分体现研究问题的本质；数据收集不可靠，则研究分析得出的结论就会产生较大偏差。不论是哪一方面的不足，都会导致研究的不尽如人意。传统的社会科学研究资料收集方式主要包括调查法、实验法、观察法、文献法，电子政务学科也不例外。其中，观察法适用于定性分析。随着物联网的普及，以及信息技术的发展，现代社会正在或是已经进入大数据时代。人类的许多态度、行为、观点都可以通过计算机进行量化，从而得到充分的样本数据，使得数据收集获得高可靠性。大数据的特点，引起科学家们的广泛关注，电子政务的研究学者们也应该充分利用大数据技术优势，推动电子政务学科的发展（如表8-8所示）。

表 8-8 数据采集方法与手段

数据采集方法	数据采集手段
调查法	电话调查、问卷调查、访谈调查、网络调查等
实验法	实验室实验、现场试验等
文献法	统计公报、信息公报、统计年鉴等
大数据采集法	日志文本、Web 爬虫法等

数据采集工作完成以后，接下来的步骤是对收集到的数据进行分析。数据分析的方法有很多，如描述性统计分析、方差分析、相关分析、回归分析、因子分析、结构方程模型、多层线性模型、神经网络分析和面板数据分析等等。每种分析方法适用的条件不同，所取得的效果也有所不同。在选择适用方法的时候，要充分考虑到收集数据、自变量和因变量的数量和性质，以及研究目的等因素，特别是要考虑数据的类型是否服从正态分布。因为，以上的分析方法得出结论的有效性程度与数据是否服从正态分布有关。收集到的数据越接近正态分布，分析得到的结论有效性越高。

如表 8-9 所示，表中罗列了针对特定变量组合类型通常所使用的数据分析方法。不过，该表只是对数据分析方法选择的一般指引。在进行电子政务学科定量研究时，同一数据往往能采用不同方法进行分析，在这种情况下，研究者应根据研究目的和实际情况选择最为合适的分析方法。

表 8-9 变量类型与数据分析方法

因变量的数量	自变量的性质	因变量的性质	统计方法
1个	0个自变量（1个总体）	等距变量或正态分布变量	单样本 t 检验
		等级变量或等距变量	单样本中位数
		分类变量（二分）	二项检验
		分类变量	卡方检验、拟合优度检验
	1个自变量，两组（独立组）	等距变量或正态分布变量	两个自变量样本 t 检验
		等级变量或等距变量	Wilcoxon-Mann-Whitney 检验
		分类变量	卡方检验
			Fisher 检验
	1个自变量，两组或多组（独立组）	等距变量或正态分布变量	单因素方差分析
		等级变量或等距变量	Kruskal-Wallis 检验
		分类变量	卡方检验

续表

因变量的数量	自变量的性质	因变量的性质	统计方法
1个	1个自变量，两组（配对组）	等距变量或正态分布变量	配对 t 检验
		等级变量或等距变量	Wilcoxon 符号秩检验
		分类变量	McMemar 检验
	1个自变量，两组或更多组（独立组/配对组）	等距变量或正态分布变量	单项重复检测的方差分析
		等级变量或等距变量	Friedman 检验
		分类变量	重复检测 Logistic 回归
	2个或2个以上自变量（独立）	等距变量或正态分布变量	因子方差分析
		等级变量或等距变量	有序 Logistic 回归
		分类变量	多元 Logistic 回归
	1个等距变量	等距变量或正态分布变量	相关分析
		等级变量或等距变量	非参数相关分析
		分类变量	简单 Logistic 回归
	1个或1个以上的等距变量/1个或1个以上分类变量	等距变量或正态分布变量	多元回归
			协方差分析
		分类变量	多元 Logistic 回归
			判别分析
2个或2个以上	1个自变量，两组或两组以上（独立）	等距变量或正态分布变量	单因子多变量方差分析
	2个或2个以上	等距变量或正态分布变量	多元多重线性回归
2组或2组以上	0	等距变量或正态分布变量	典型相关分析
			因素分析

随着电子政务学科的不断发展，研究人员越来越重视定量分析方法在学术研究中的重要作用，多元分析及其他高级定量研究方法被认为应更广泛地运用于电子政务研究。同时，越来越多的电子政务研究人员专注于研究方法、技术的创新和发展，多元回归分析、罗杰指数分析、时间序列分析、结构方程分析及事件历史分析等方法被运用到电子政务领域研究当中（如表8-10所示）。

表 8-10　定量分析方法、类型及注意问题

分析方法	适用数据类型	注意问题
多元线性回归	截面数据或时间序列数据	多重共线性、异方差性、自相关性
因子分析	截面数据	样本量（至少是变量数的 5 倍以上）、变量间的相关性
结构方程模型	截面数据或时间序列数据	样本量（至少是变量数的 5 倍以上）、测量模型的有效性、不同拟合优度指标综合测量
格兰杰因果关系检验	时间序列数据	数据的平稳性
面板数据分析	面板数据	数据的平稳性、模型的选择（随机效应模型、固定效应模型）
多层线性模型	多层嵌套结构数据	自变量的中心化、模型的选择（随机效应模型、固定效应模型）、模型的拟合与比较
人工神经网络	向量	步长（学习速率）的选择、动量因子的调整

大数据时代的到来，为各学科领域的研究工作带来了挑战，也提供了机遇。电子政务学科的研究正朝着定量研究方法支撑下的实证研究方向发展。

参考文献

[1] 库恩. 科学革命的结构：第 4 版 [M]. 金吾伦，胡新和，译. 2 版. 北京：北京大学出版社，2012：11.

[2] 中国互联网络信息中心. 国家信息化发展评价报告：2016 [R/OL]. (2016-11-18) [2019-01-01]. http://www.cnnic.cn/hlwfzyj/hlwxzbg/hlwtjbg/201611/P020161118599094936045.pdf.

第9章

电子政务研究论文的写作、修改与评价

本章导读

电子政务研究论文对电子政务理论体系的形成、发展具有重要意义,同时对电子政务的实践活动也会产生不同程度的指导作用。

好论文是反复修改而成的,论文写作完成后,一定要按照通行的评价指标对论文进行评价,并反复修改,如此才能最终达到要求,提交答辩或者发表。

第9章 电子政务研究论文的写作、修改与评价

第1节
电子政务研究论文的写作

本章的主要内容包括电子政务研究学位论文和期刊论文的写作、修改与评价。

一、电子政务研究学位论文的写作

1. 电子政务研究学位论文题目的选择

电子政务研究学位论文题目的选择简称定题。题目的选择非常关键,题目选择的好坏、难易程度的把握决定着论文的质量,决定着学生能否通过论文答辩及最后完成学业。科学研究来自于科学问题。不断提出问题并解决问题推动着科学的发展。爱因斯坦说过,提出一个问题往往比解决一个问题更重要,因为解决问题也许仅仅是一个数学上或实验上的技能而已,而提出新的问题,新的可能性,从新的角度去看待旧的问题,却需要有创造性的想象力,而且标志着科学的真正革命。[1]那么,学生学位论文的研究课题来自哪里?理论上讲有以下几个方面:一是从事实之间的联系当中发现问题,二是从理论与事实之间的矛盾当中发现问题,三是从某一理论内部的矛盾当中发现问题,四是从不同理论之间的冲突当中发现问题,五是从社会需求与已有生产技术手段之间的差距上发现问题。实际情况下,学生学位论文题目的选择可能由以下途径产生:一是由导师指定,二是由学生本人在学习、研究过程当中发现,前者占多数。其中一个原因是导师可能手头有一些正在进行的研究项目,需要学生参与才能完成,学生可以将导师的部分研究内容作为自己的学位论文进行创作;另外一个原因就是学生的研究能力还比较有限,由学生本人直接提出一个理想的问题存在一定难度。即使是由学生提出论文题目,也要跟导师商量后才能决定,导师要考虑该题目能不能研究,有多大难度,能不能在有限的时间内取得研究成果,最后就是导师能不能有效指导该论文的创作,导师不认可的题目是不宜作为论文题目的。

在论文选题过程中,需要掌握以下几个重要的原则。

(1) 创新性原则

论文题目要有一定程度的新颖性,不能是别人已经研究过的,也不能低于以前同类研究的水平。这就需要一个严格的查新过程。首先要拟定一个大体的研究范围,收集资料进行阅读,从文献的阅读当中发现问题,然后再围绕新发现的问题,进行有目的的阅读,逐渐形成自己的论文题目。

(2) 科学性原则

科学性原则意味着要选择的问题应确保是科学问题,不能是其他非科学或伪科学命题,比如,神话、气功、永动机、灵魂等。要尊重已有的科学成果,在此基础上选择适当的视角,进行理性的思考。

(3) 可行性原则

可行性原则就是慎重考虑完成该选题的主观条件和客观条件是否具备。一是技术上的可能性,也就是当前的技术水平能不能支持该选题顺利实施;二是经济上的可行性,有的研究项目需要大量的经费,如果不具备这个条件,选题也是无法完成的;三是自己的理论储备、技术能力和身体状况能不能胜任该项研究任务。

(4) 社会需求原则

社会需求原则是指论文选题要符合社会发展的需求,不能违背社会伦理道德,不能违反国家法律和政策,要在满足科学发现、技术进步、经济增长和社会发展内在联系和协调发展的基础上,选择、规划自己的题目。

在毕业论文题目的选择过程中,还应考虑到所选的题目不宜太大、太空,要选择小而专的题目,原因如下。第一,这样的题目容易把握,不至于写得假大空;第二,选择专指度较高的题目来研究有助于获得切实可靠的成果,实现真正的突破;第三,容易获得导师和开题评审会老师们的认可。[2]

2. 电子政务研究学位论文开题与开题报告的撰写

实际上,论文的开题过程从论文定题就已经开始了。学生通过与导师的不断沟通,大量阅读相关文献,逐渐积累知识,研究问题、研究目标、研究思路和重点难点等论文主要要素逐渐明朗起来,为开题报告的撰写奠定了基础。开题的过程如果从论文定题开始的话,应该包括定题、阅读文献、与导师沟通、撰写开题报告、导师修改、学生再次修改、提交开题评审会审议、根据审议意见反复修改、开题报告的提交等,这个过程可能是反复交替进行

第9章 电子政务研究论文的写作、修改与评价

的,不一定严格按照这个顺序。

(1) 阅读文献

阅读文献就是对与未来研究相关文献进行识读、学习并标记,提出研究问题并解决问题的一系列过程。阅读文献有一定的技巧和原则。

①国内外文献阅读并重原则。文献阅读可以从目录、索引、摘要等检索工具开始,也可以直接阅读原始文献。一般情况下,在图书馆或图书馆收藏或订购的专用数据库或网站上大都能找到国外研究的原始文献。国外文献往往有较强的先进性,研究较有深度,内容翔实、方法明确、数据真实可靠,格式规范,因此是文献阅读的首选。阅读时先看题目,若题目与所拟定的方向相关,再看关键词和摘要,如果确有必要,再通读全文。阅读外文文献时难免遇到语言障碍,导致阅读慢、看不懂,所以学生要过语言关,没有过硬的外语能力,阅读外文文献就成为不可能的事情。如有必要,可借助翻译工具或请别人帮忙,把主要内容翻译成汉语再阅读。对一些国内学者发表的外文文章也可以在国内期刊上查找,看看有没有相应的中文文献,这样也可以减轻阅读的负担。

国内参考文献有时量也很大,但往往高质量的文章不多,学术不端行为偶有发生,但也有质量高、适用的文章,再加上没有语言障碍,应尽可能大量阅读。

②定题前广泛阅读,定题后专指性阅读。定题前文献阅读的原则是围绕一个较大而模糊范围的广泛阅读,定题前的思维方式叫作收敛性思维。收敛性思维的目的是确定要研究的问题,一边阅读一边理清思路,不断缩小阅读的范围,使阅读的专指性越来越强。当基本定题后,为了解决拟定的问题,就开始围绕论文题目,有针对性地阅读大量相关文献,为自己的论文创作寻找研究背景、研究意义、理论基础、研究方法和技术路线等。定题后的思维方式叫作发散性思维,发散性思维的目的是为了寻找一切办法解决提出的问题。

③阅读目的性要强。要带着问题阅读,定题前阅读的目的是确定研究问题,定题后阅读的目的是解决问题。实际上在研究过程当中,包括在论文撰写过程当中,都需要不断地阅读,通过后期的阅读,补充原来阅读过程当中漏读的资料,发现新方法,核实原有的数据,拓展新思路,解决新出现的问题,等等。

④新旧结合原则。科学发展不是一蹴而就的,而是有一个发展过程的。

一种理论、观点或方法也是靠几代人的努力才达到如今这个水平。所以阅读的目的就是要新旧结合,找到最初的理论、观点或方法,以及之后的发展脉络,把它们各自的优缺点,一直梳理到现在,这样就可描绘出某种理论、观点或方法发展演化的路径或网络。也许我们的创新只是在最新的理论、观点或方法的基础上进行某种改进,这虽然在科学的发展史上只是微小的一步,但所做的研究工作却真正填补了某项科学研究的空白,成为某种科学观点、理论或方法发展史上不可或缺的重要一环。新旧结合原则,并不是新旧并重,应以阅读新文献为主,旧文献为辅。

⑤精读与泛读相结合原则。泛读就是对一篇文章采取一目十行的方法,快速了解并判断该文献与自己的研究方向是否相关。一般是浏览文章题名、作者、作者单位、期刊名称、关键词、摘要、会议信息等,如有必要再浏览文章正文。通过该过程,如果确定该文献与研究方向无关或关系不大,即可放弃进一步阅读,如果确定与研究方向相关即可进入精读过程。精读就是认真地研讨文献正文,提取其观点、理论、方法、主要数据、分析和结论,也包括不足和展望。精读过程中要做好记录,以备将来研究和撰写论文时采用。

⑥边阅读边记录的原则。在阅读过程中,可适当做些记录,包括感兴趣的题目、关键词、摘要、正文当中的方法、数据、结论,还应包括论文结论和展望中提到的未能或将要解决的问题,这些问题有可能成为你研究要解决的问题。记录不仅包括以上内容,还要标明出处,并根据不同的需要将阅读过的资料排序,比如按时间先后、地理位置、学术流派、研究内容的顺序等。这些记录会成为开题报告和之后毕业论文研究和撰写的重要参考资料。

(2) 与导师、相关课程的老师以及同专业同学沟通

在学生研究与撰写毕业论文期间,一般都有一个固定的导师来指导其学习,也包括思想、生活和就业方面的指导等。在定题和开题过程当中与导师的沟通是必不可少的。导师一般都在从事某一领域的教学与研究工作,对某一领域比较熟悉,具有一定的研究经验,另外,学生在选择导师的时候就已确定了基本的研究方向,导师都会告知学生在毕业论文研究与撰写期间要学习哪些知识,做些什么研究,这样既可以帮助导师完成所承担的科研任务,同时也可以从导师那里学到学习和研究的方法。所以跟导师进行经常性的沟通,可使学生少走弯路,能尽快地确定一个合适的研究方向和毕业论文题

目。在开题报告的撰写过程中与导师、相关课程的老师以及同专业同学进行沟通可保证开题报告达到创新性与可行性的统一、科学性与逻辑性的统一、格式与内容的统一。

(3) 撰写开题报告

论文开题报告是论文撰写的前奏,是文献阅读和与导师、相关课程的老师以及同专业同学沟通的阶段性成果,标志着研究项目的真正开始,是科学研究和论文撰写的指导性文件,开题报告的质量不仅影响到能不能开题、能不能得到开题评审会老师的认可,也将最终影响到后期的科学研究和论文的撰写。

一般学校或学院都会对开题报告的格式、内容和字数提出要求,学生要按照要求撰写开题报告。

开题报告一般包括以下五项内容。

①论文的选题依据(包括本课题国内外研究现状述评,研究的理论与实际意义,对科技、经济和社会发展的作用等)。它包括研究背景、研究意义、国内外文献综述。写作这一部分内容的注意事项包括:第一,内容安排要具有逻辑性,层层递进,越来越深入,越来越专指;第二,研究背景不能写得太大,要尽可能缩小到跟论文题目内容直接吻合的范围。如论文题目为"基于改进 LSI(Latent Semantic Index,潜在语义索引)的语义检索模型及其实现研究",就不能把大量篇幅用于对数据挖掘的描述上,数据挖掘要少写,其核心是 LSI 和语义检索,LSI 是方法,语义检索是核心,论文的重点是方法的改进与创新。语义检索的方法有很多,LSI 是其中一种,此论文的创新点在于改进的 LSI。

研究背景和研究意义不容易区分,易混淆。

研究背景主要指提出该问题的学术背景、社会背景和其他相关因素,用来指明该研究与其他相关研究的关系和位置。让读者明白该研究属于什么领域,和什么领域有关,以什么为基础。

研究意义是指该研究的必要性,也就是说,研究意义要说明为什么选择这个题目来研究和撰写论文,要说明该研究有多么重要,能解决什么样的问题,可能带来怎样的社会效益和经济效益等。

国内外文献综述部分,首先要分成国外和国内两个部分,理清所研究问题的来龙去脉,已经取得了哪些成果,还有哪些未解决的问题。这一部分应该注意的问题有：一是不能停留在或重点描述一些比较宽泛的上位主题，而要把重点放在细节上；二是文献综述主要指学术成果的综述，而不是指某个领域的运行现状的描述，比如写题目为"福州楼市预警机制研究"的论文时，就不能在综述里过多地写福州市的人口、地理、环境，甚至是楼市的表现，而要把重点放在对"预警""楼市""楼市预警""福州楼市预警"这几个主题词的理论研究成果的梳理上；三是如果题目中涉及两种或两种以上方法结合使用的，在国内外文献综述中就要有专门的章节或段落来讨论这些方法相结合的研究情况；四是切忌把逻辑上不相关、内容上相似的文献堆放在一起，这样做没有实际的学术意义。

②论文的研究内容、研究目标，以及拟解决的关键问题（包括具体研究与开发的主要内容、目标和要重点解决的关键技术问题）。

③拟采取的研究方案及可行性分析（包括研究的基本思路、研究过程、研究方法和手段、现有研究条件和基础等）。

研究的基本思路和过程不是要介绍论文的结构，不是要描述每章的写作主题，而是要写要研究什么问题，准备用什么方法解决问题。这一部分要写好确实不容易，主要原因是此时研究尚未展开，许多细节内容根本无法描述，但如果不写出来，评委们又无法判断论文是否妥当，创新点可能在什么地方。这是个两难的选择。

研究方法和手段容易出现的问题是，照抄别人论文里的研究方法，而实际上自己的研究中并没有使用这种研究方法，比如理论与实践相结合的方法。因此，在这一段中最好详细描述该研究中所用到的一些具体方法及其步骤，与论文无关的方法一概不写。[3]

④本课题的特色与创新之处。开题报告中的创新点只能称作拟创新点，除非在开题之前已经做了大量研究并确定了创新点。拟创新点不宜写得太多，一般以两到三点为宜。有些不具创新性的观点就不要列为创新点。创新点要具体、明确，如果只写"具有理论意义或现实意义"或"产生了经济效益和社会效益"就不像是创新点。以下描述就可以称由创新点：提出一种新的观点、改进了一种方法、设计了一种新的模型、把两种方法结合起来提高了效果或效率、得出了不同的结论等。

⑤参考文献。参考文献表一般是采用顺序编码制组织，即参考文献要按顺序在正文的适当位置以序号标注，并按标注的序号依次列出，参考文献的著录格式要符合有关国家标准。在著录参考文献时不要投机取巧，文中参考

或引用的就一定要注明，养成诚实做人、诚信做文的好学风。参考文献不能太陈旧，一般要有撰写毕业论文当年的文献，如果参考文献太陈旧，就会受到评委们的质疑：难道最近几年没人研究吗？造成这种情况的原因可能有两种：一是近期的研究可能较少，不容易找到；二是由于检索工具时滞的原因，当年最新的研究成果尚未收录到检索工具。所以，一定要加大搜索力度，特别是外文新文献的搜索力度，要到图书馆去查阅现刊，这样就有可能得到最新的参考文献。

撰写高质量、符合要求的开题报告，还需要注意以下几个问题：

第一，论文题目字数一般限定在 20—30 字要根据学校或学院的要求来控制；第二，论文题目用词应尽可能精练，多用实词，少用虚词，取消一些没有实际意义的限定词，比如"网络环境下的"等；第三，要保证题目的新颖性；第四，要保证题目的专指性，题目不宜过大过空，要明白论文是研究的结果，而不是东拼西凑的大杂烩；第五，论文题目最好只有一个核心词，即研究只能有一个落脚点，不能有两个，即如果做对比分析，落脚点就只是对比分析；第六，谨慎选择评价性的题目，此类论文容易在评价指标体系及权重设置的权威性方面出问题；第七，要保证在理论或方法上有所创新，如果仅仅是把一个已有的理论或方法应用在电子政务领域当中，而在理论和方法上没有任何突破的话，创新度和新颖性是不够的，很难通过开题验收。

（4）开题报告与评审

一般情况下，学院会成立一个开题评审委员会，开题评审委员会的成员有可能和答辩委员会的成员重复，开题评审委员会主席主持学生开题报告的审核验收工作。审核通过的题目，就可以进入论文的撰写阶段了；没有通过审核的题目，大都是因为不具新颖性、过大过空或是出现了多主题或无主题的情况。开题答辩结束后，要按照各位评委的建议进行修改，修改过后，即可提交系统交由导师审核，结束开题阶段。

3. 电子政务研究学位论文的撰写

电子政务研究学位论文包括以下主要内容。

（1）中文摘要

中文摘要字数一般为 800—1500 字，通常不超过一页，包括论文题目、摘要内容和关键词。摘要内容应包括研究目的、研究方法、成果和结论等。语言力求精练，一般不宜使用公式、图表，不标注引用文献。为了便于文献检索，应在本页下方另起一行注明论文的关键词，关键词一般为3—5个。

（2）英文摘要

中文摘要后为英文摘要，也应包括论文题目、摘要内容和关键词。内容应与中文摘要相同。

（3）目录

目录是论文的提纲，也是论文组成部分的小标题，一般要求包含三级标题。

（4）主要符号表

如果论文中使用了大量的符号、标志、缩略词、专门计量单位、自定义名词和术语等，应编写成注释说明汇集表。若上述符号和缩略词使用数量不多，可以不设专门的汇集表，而在论文中出现时加以说明。

（5）引言

作为论文的第一章，引言部分的内容包括研究课题的学术背景及意义、国内外文献的综述、研究课题的来源、研究的目的和主要研究内容。

（6）正文

正文是学位论文的主体。写作内容可因研究课题性质而不同，主要遵循"提出问题—分析问题—解决问题"的逻辑安排内容，一般可包括：研究背景与意义、相关研究文献综述、研究对象与研究方法、多角度分析和研究问题、解决问题的思路或对策等。

学位论文是专门供专家审阅以及供同行参考的学术著作，必须写得简练、重点突出，不要叙述那些专业人员已熟知的常识性内容，同时应注意使论文各章之间密切联系，形成一个整体。

（7）结论

结论应该明确、精练、完整、准确，使人通过结论就能全面了解论文的意义、目的和研究内容；要认真阐述自己的创新性研究在本领域中的地位、作用和意义；严格区分个人的研究成果与导师科研工作的界限。

（8）参考文献

参考文献是学位论文不可缺少的组成部分，它反映了论文的取材来源、材料的广博程度和材料的可靠程度，也是作者对他人知识成果的承认和尊重。参考文献只能罗列作者直接阅读过、在正文中被引用过、正式发表的文献资料。一般情况下，学士学位论文参考文献要求 10 篇以上，其中外文文献 2 篇；硕士学位论文参考文献不少于 50 篇，其中外文文献不少于 20 篇；博士学位论文参考文献应不少于 100 篇，其中外文文献一般占 50%以上。参考文献的格式应该遵循规范。参考文献一律放在论文结论后，不得放在各章之后。

(9) 致谢

致谢对象限于在学术方面对论文的完成有较重要帮助的团体和人士。

(10) 附录

附录包括正文内不便列出的冗长公式推导，以备他人阅读方便所需的辅助性数学工具或表格，重复性数据图表，计算程序代码及说明等。

二、电子政务研究期刊论文的选题与写作

1. 选题的原则

选题是撰写期刊论文的第一步。选题创新是期刊论文写作的灵魂，也是衡量论文价值的重要标准。在确定期刊论文选题时要坚持以下几个原则。

(1) 目的性

在确定选题时首先要明确研究目标，要考虑到学科发展的前景与可行性、单位的研究条件和个人兴趣。

(2) 科学性

在确定选题时要考虑研究是否有科学价值，论点材料是否经得起实践检验，同时要考虑收集、整理、分析和研究文献以及数据的方式是否科学合理。

(3) 实用性

在确定选题时要考虑研究成果能否应用到科学研究和社会实践中，能否解决现实问题，有多大的科研价值或能带来多大的社会效益和经济效益等。

(4) 创新性

论文选题的创新性是保证科研领先地位的基础，也是保证论文观点有创新的前提。在确定选题前要充分查阅国内外相关文献，确认他人是否已经从事过这方面的研究，进展到什么程度，自己的研究思路或成果有无创新，要尽可能地避免重复性研究。选题时要有创新思维，同时要有长期的积累，还

要广泛阅读前沿论文，必要时可以求助于老师或前辈帮助判断。期刊论文的创新性主要有理论观点的创新、研究方法的创新、应用领域的创新等等。

（5）题目简明、醒目

论文题目是能反映论文中特定内容的，恰当、简明的词语的逻辑组合。一个好的题目常会使论文增色添辉，可以起到多方面的作用，如揭示文章的主要内容、激发读者的阅读欲望等。所以，在写作时应考虑用言简意赅的词语组合作为论文题目。确定论文题目要避免以下情况：

①题目大、内容少和题目小、内容多。这主要是没有把握好文题关系。前一种情况要根据内容重新确定题目，或根据题目充实论文内容；后一种情况要删去与题目无关的内容。

②随意设置副标题。一般情况下，最好不设副标题，仅在正标题无法完全表达想要表达的意思时才能设置副标题，且避免副标题内容大于主标题。

③连用同义词、近义词。如在题目中出现"××分析与研究""××探讨和研究"，"分析""研究""探讨"为近义词，保留其一即可。

④自我拔高。有的论文仅仅是一般的论述分析，谈不上研究，但作者往往喜欢冠上"研究"二字作为题目，这属于自我拔高，应当删去"研究"一词。

2. 写作内容的要求

（1）论文内容要有原创性

在学术刊物发表论文，一般来说应当是描述了一种新的现象或事实，第一次提出了新概念或新模型，第一次总结了某一事物发展的规律。发表在学术刊物上的论文，不仅要具备原创性，其成果还须对学科发展有推动作用。因此，作者在论文中不但要充分评价他人的研究工作，也必须清晰地指出自己在本文研究工作中的原创性贡献。

（2）思路要清晰，逻辑要严密

论文的构思和框架反映论文的研究思路，一定要条理清晰、逻辑性强、聚焦主题、突出论文的亮点，要进一步整理、扩充前人零星的学术研究，以形成更完善的体系框架。

（3）注重格式规范

不同期刊的要求有所不同，提交论文之前一定要仔细阅读目标期刊的投稿须知,严格按照投稿须知规范论文。要特别重视论文的题目、摘要、图表和结论。读者阅读论文的习惯一般是首先看题目,对一篇论文的题目有兴趣时,读者会首先阅读论文摘要,如果对摘要感兴趣,接着会去看论文的图表,因为图表往往能清楚地反映论文的结论,通常只有少数读者会读论文的全文。

(4) 注释要规范

①注释格式要参照所投刊物。我们撰写论文时,一般在投稿前都有几个倾向的刊物,做注释时参照所投的刊物的要求就可以了。

②尽量不引用网络文献。网络文献相对来说不太规范,科学性、准确性无法保证,尽量不引用。学术性网站和政府网站上的文献是可以引用的。

③按照CY/T 121—2015《学术规范 注释》、GB/T 7714—2015《信息与文献 参考文献著录规则》编排要求或目标期刊编排要求编排,做到编排准确、无遗漏。

④资料来源最好是近五年核心或权威期刊刊载的文章,或者是该研究领域或方向权威人士的文献。

三、期刊论文投稿与拒稿

1. 投稿的技巧

(1) 准确选择目标期刊

不同类别的期刊,收稿范围、栏目设置、刊文风格和读者群体都不大相同。而且,学术期刊审稿期一般是两三个月,因此,准确地选择期刊进行投稿变得非常重要。作者可以根据论文选题、同领域论文发表情况、论文的学术水平和发表论文的偏好做一个目标期刊列表,并依据论文的学术水平,期刊的影响因子、发表周期等对期刊进行排序,在投稿前对目标期刊的定位进行深入的了解,确保所投文章与目标期刊的收稿范围、栏目设置、刊文风格等相符合,最终选定投稿期刊。

(2) 研究目标期刊的投稿须知

确定目标期刊之后,应依据期刊所公开的"投稿须知"或者近期发表的稿件修改文章格式,并在稿件上注明作者简介、电子邮箱、联系方式等信息,以方便编辑与自己联系。如果稿件可以得到领域内知名学者、专家的推荐，会更容易引起编辑的注意，但多数情况下作者都需要自投稿件。学术期刊的投稿方式一般包括网上系统投稿、电子邮箱投稿和信函投稿三种。

（3）注册和了解在线投稿系统

按照期刊网站的引导，注册并登录在线投稿系统，认真了解投稿系统。投稿时，只需要按照引导一步步完善稿件信息即可，而且可以实时了解审稿进度。如果期刊的网上投稿系统已经较为成熟，推荐作者投稿时优先使用网上投稿系统。如果期刊主要通过电子邮箱接收稿件，作者应注意以下事项：首先，从编辑的角度来说，更希望能够一目了然地了解稿件相关信息，如文章题目、作者姓名、工作单位等，因此最好在邮件标题和正文中注明；其次，文章正文以附件的形式发送，更方便编辑审读。

（4）认真对待审稿意见

大部分学术期刊都实行"三审制"和"双向匿名审稿制度"，以保证审稿过程的客观性和公正性。期刊审稿人大多为领域的知名专家，因此，对于每一条修改建议，作者都要认真对待，仔细分析。如果认同审稿人的审稿建议，就按照建议对文章进行一一修改，并给出详细的修改说明，同时保留修改痕迹，以方便审稿专家和编辑再次审读；如果不认同审稿人的修改意见，应当认真地加以说明，有理有据地与审稿人探讨。

（5）重视与目标期刊相关编辑的沟通与交流

一是投稿前的交流与沟通，与编辑探讨自己最近的研究课题、写作新思路以及期刊当前感兴趣的学术前沿、热点问题等；向期刊编辑询问自己想投的论文是否符合期刊的刊文要求等，以免盲目投稿。二是与期刊编辑就已投稿件的学术问题、专家意见等进行交流和沟通。三是与期刊编辑就论文发表以后的社会反响、读者回馈等进行交流。

2. 拒稿的常见原因

论文稿件被拒常见的原因有如下几种。

（1）论文无新意

学术刊物最欢迎的是具有原创性的学术论文。论文主要论点重复他人已有的论点或为经过简单推理就能从已知文献中得出的结论，这一类论文经常会被拒稿。

（2）论文分析问题不够深入

论文中有新的发现，但没有很好地提炼升华并上升到理论高度，只有简单的定性描述，缺乏深入的分析。

（3）作者目标期刊选择不当

不同期刊专注或者感兴趣的领域不同，如果作者的目标期刊选择不精准，论文就不会引起该期刊读者群的兴趣，论文被拒也就很正常了。

（4）论文论据不充分

论文论据不充分常会导致拒稿情况的发生。如论文提出的论点不能被相关数据、资料充分证实；论文的逻辑推理有瑕疵，作者不能公正、客观地从其数据和事实中推得结论等。

（5）论文研究结论应用领域狭窄

如果论文讨论的仅仅是区域性或者局部工作，而不具有普遍意义，不可以推广到其他地方的工作，或仅仅是国外方法在国内某一地区的应用，而没有提出新方法，则易被期刊退稿。

（6）作者写作能力不高

作者写作过程中语法错误太多，表达不当；论文组织得不好，文字功夫欠佳，审稿人难以理解；论文数据表达方式不符合标准，主要包括图片不清晰、图释不完整、参考文献格式不符合标准等。

第2节
电子政务研究论文的修改与评价

论文初稿完成后，一般需要反复修改，包括论文整体、局部的修改、论文创新部分的修改、论文主要观点的修改以及文字的推敲和润色。

论文每次修改后都需要进行论文的评价，通过听取他人的意见和建议、通过与评价标准的比对，作者可以发现论文存在的问题，从而不断提高论文质量。

一、电子政务研究论文的修改

论文修改阶段是作者对论文进行仔细推敲的过程。修改可分为框架结构修改与细节修改两个部分。

1. 框架结构修改

框架结构修改首先需要仔细检查是否有足够的材料来支持论文的论点，所有的材料是否都符合作者的主要论述中心。如果回答均为否，则需要对材料进行补充和删除。此步骤的修改完成后，再细酌如下问题：论文的骨架（章与章之间，节与节之间、三级子标题之间）逻辑关系是否严谨？行文先后，是否合乎逻辑？是否便于推理？各分标题是否属于其主标题之下？或是列在其他标题之下更为合适？提纲中原定为分标题的，成文后是否显得重要，因而需要改为主标题？主标题下，是否需要增加分标题？每一个标题之下各段的内容是否符合该标题的意思？若不太符合可否归到其他标题？通过回答上述问题，就可以逐步理顺框架结构。

一般来说，章与章之间关系容易确定，各章中节与节之间、分级标题与分级标题之间的关系（以下称为层次关系）难以把握。层次关系的基本要求如下。

（1）层次的标题要简短明确

标题应该是名词或名词性短语，不能是句子；标题只表明研究内容，不表达作者观点；应当出现正文中的关键词，与各章内容紧扣。

（2）同一层次的标题应尽可能"排比"

各标题应相互协调，即各标题用词（或词组）应类型相同、意义相关、语气一致。各层次标题通常用阿拉伯数字编号，数字之间用小圆点相隔，末位数字后面不加点，如"1""2.1""3.1.2"等。

（3）层次不能过深

层次是否过深的一个简易判断标准是，如果电子政务研究论文中多处出现五级标题（如1.1.1.1.1等）的时候，就应该考虑论文的整体结构安排是否有不合理之处，是否需要进一步调整。

2. 细节修改

在论文整体框架修改确定之后，就要在论文细节上做出修改。论文细节修改包括以下几方面。

（1）段落的修改

电子政务研究论文中段落过短或过长都不好。在一篇论文里，应根据内容的需要，为段落的长短做出恰当的安排。每一段落应该有一个明确的中心思想，结构上一般采用"总—分（—总）"的形式，较少采用"分—总"形式。各段落之间应该具有明显的并列、转折或递进等关系。

（2）句子的修改

应恰当地运用连接词、短语等过渡词语将句子连接起来，以显示句与句之间的连贯性和相互关系。句子本身的长短不是一个重要的限制因素，在表达复杂思想时，句子的结构就会复杂些，也会长些，但应尽可能使用简短的句子。

（3）图、表的修改

图、表要清晰。图和表的内容要清楚、明白，并且配有图题和表题。

（4）论文题目的修改

论文题目要新颖且有吸引力，题目和正文的内容要相符，题目大小适宜。

二、电子政务研究论文的评价

电子政务研究论文评价要从以下两个角度进行。

1. 从听众或者读者角度评价论文

听取周围同学、老师的修改意见。作者要通过各种方式找到和自己的研究方向相近的同学，请他们阅读论文并给出评价。

充分利用身边的人脉资源对自己的论文进行评价，如集体讨论（沙龙、课堂）等。

2. 从评阅者角度评价论文

作者应深入了解和研究学术机构评价论文的标准，并用这些标准衡量和评价自己的论文，即从评阅者角度去评价论文。如表9-1和表9-2所示，它们列出了期刊论文盲审评分标准和学位论文盲审评分依据。

表9-1　典型的期刊盲审论文评分表

序号	项目	一类文 描述及得分	二类文 描述及得分	三类文 描述及得分	四类文 描述及得分	备注
1	观点立论 25分	观点正确、鲜明、有创新 （22—25分）	观点正确、鲜明、创新不足 （18—21分）	观点正确、符合基本要求 （15—17分）	观点模糊、认识不清 （14分以下）	
2	论证过程 20分	论证严密、逻辑合理、结构严谨 （18—20分）	论证合理、层次清晰 （15—17分）	论证清楚、有层次 （12—14分）	论证不严、层次不清 （11分以下）	

续表

序号	项目	一类文 描述及得分	二类文 描述及得分	三类文 描述及得分	四类文 描述及得分	备注
3	论据选择 20分	论据充足、典型 生动、支持论点 （18—20分）	论据充分、比较 典型、支持论点 （15—17分）	论据合理， 能证明论点 （12—14分）	论据数量不足， 典型性差 （11分以下）	
4	实践价值 20分	解决当前实际 问题，指导工作 作用突出 （18—20分）	文章有针对性， 理论联系实际 （15—17分）	涉及具体问题， 有一定指导意义 （12—14分）	文章内容平淡， 实践指导性不强 （11分以下）	
5	语言表述 15分	语言流畅、逻辑 性强，表述准确 （14—15分）	语言通顺，有逻 辑性 （12—13分）	语言通顺、 表达清楚 （10—11分）	语言基本通顺， 说理性不突出 （9分以下）	

表9-2　人文社科类学位论文盲审评分表

评议项目	评价要素	分项评价			
		优秀	良好	一般	较差
选题与综述	选题具有一定的开创性；具有较大的理论意义和现实意义；研究方向明确；能够全面地反映国内外该选题及相关领域的发展与现状，归纳、总结正确				
创新性及 论文价值	论文在人文、社会科学相关理论和研究方法等方面有所创新；对解决国家及地方经济建设、社会发展中的重大现实问题有一定的贡献，为政府宏观决策提出了具有价值的政策性建议；能够解决相应领域的实际问题；论文成果具有一定的社会效益，对文化事业的发展、精神文明建设具有一定的促进作用				
科研能力与 基础知识	具有独立从事科学研究的能力；论文体现本学科及相关领域比较扎实宽广的理论基础与比较系统深入的专门知识				
论文规范性	论文结构、书写、排版等规范；引文规范，学风严谨；论文层次分明，材料翔实，推理严密，逻辑性强，文字表达准确、流畅				
总体评价 （100—90分为优秀， 89—75分为良好， 74—60分为一般， 60分以下为较差）					